Minoritätenvertretung

und

Proportionalwahlen.

Ein Ueberblick

über

deren Systeme, Verbreitung, Begründung

von

Dr. Heinrich Rosin,

o. ö. Professor für Staatsrecht und Deutsches Recht an der Universität Freiburg i. B.

Berlin.

J. Guttentag, Verlagsbuchhandlung.

1892.

Die nachstehenden Blätter enthalten zunächst einen Vortrag, den ich in etwas abgekürzter Fassung am 26. März d. J. in der Gehe-Stiftung zu Dresden gehalten habe, sowie die den Zuhörern zum besseren Verständniß übergebene rechnerische Beilage. Sie erheben nicht den Anspruch, den Gegenstand in einer überall auf die letzten Quellen zurückgehenden Darstellung wissenschaftlich zu erschöpfen. Sie wollen andererseits auch nicht parteimäßig für oder wider eine Aenderung unseres gegenwärtigen Wahlsystems eintreten und den Leser in bestimmter Richtung beeinflussen. Das, was sie beabsichtigen und leisten zu können glauben, ist, in einer für Jeden verständlichen Darstellung über eine in vielen constitutionellen Staaten auf der Tagesordnung stehende und auch für uns nicht unwichtige Frage zu orientiren und zur eigenen Urtheilsbildung anzuregen. Wer der Sache weiter nachgehen will, dem wird dazu in den am Schlusse beigefügten Anmerkungen ein fernerer Anhalt geboten.

Nicht ermangeln möchte ich, auch an dieser Stelle dem Vorkämpfer der Proportionalisten-Bewegung in Basel, Herrn Professor der Physik, Dr. E. Hagenbach-Bischoff, der mich in freundlichster Weise mit seiner reichhaltigen Büchersammlung unterstützt hat, meinen verbindlichsten Dank auszusprechen.

Freiburg i. B., April 1892.

Rosin.

Hochgeehrte Herren!

Indem ich einer ehrenvollen Aufforderung des Directoriums der Gehe-Stiftung Folge leiste, glaube ich im Sinne der statutenmäßigen Zweckbestimmung, welche dieser bedeutsamen Einrichtung gesetzt ist, zu handeln, wenn ich Ihre Aufmerksamkeit für eine Stunde auf eine politische Frage lenke, welche, wie man ohne Uebertreibung sagen kann, fast in allen Ländern der Erde, in denen eine Volksvertretung an der Leitung der Staatsangelegenheiten theilnimmt, mehr oder weniger lebhaft erörtert wird. Es ist dies die Frage der Minoritäten- oder Proportionalvertretung, welche darin besteht, zu untersuchen, ob, in welchem Umfange und auf welchem Wege, d. h. durch welches Wahlsystem auch den Minoritäten im Volke eine ihrer Bedeutung entsprechende Vertretung im Parlamente gesichert werden soll. Auch bei uns in Deutschland sind nicht allein bei den öffentlichen Wahlen in letzter Zeit Mißstände hervorgetreten, welche mit dem System der reinen Majoritätswahlen zusammenhängen, — es mehren sich auch die Zeichen dafür, daß jene Frage bald mehr, als dies bisher der Fall war, in den Vordergrund des öffentlichen Interesses treten wird. Zum Beweise dafür möge zunächst nur hervorgehoben werden, daß die neueste Fassung des socialdemokratischen Parteiprogramms die Einführung des Proportional-Wahlsystems als eine Forderung der deutschen Socialdemokratie aufgestellt hat [1]). Indessen würde man irren, wenn man aus dieser besonderen Thatsache den Schluß ziehen wollte, daß es sich bei Einführung der Minoritäten- oder Proportionalvertretung um die erstrebte Verwirklichung der Interessen einer einzelnen, bestimmt gearteten, insbesondere radicalen Partei handelt. Haben sich schon bei uns in Deutschland sowohl socialdemokratische Schriftsteller, wie Rittinghausen und Kayser [2]) gegen die Proportionalvertretung, als auch Männer von so unbedingt staatserhaltendem Charakter, wie Bluntschli und von Mohl [3]) derselben günstig ausgesprochen, so lehrt ganz besonders die Betrachtung der außerdeutschen Länder, daß überall hervorragende Geister ohne Rücksicht auf Parteipolitik sich dem Studium der Frage gewidmet, und daß überall die Minoritätsparteien, gleichviel welcher Farbe, ob liberal, conservativ, ultramontan, in der Bejahung derselben ihr Interesse erblickt haben. Ohne Voreingenommenheit für oder wider, lediglich vom Standpunkte der staatsrechtlichen und politischen Wissenschaft möchte auch ich heute Abend vor Ihnen die Minoritäten- und Proportionalvertretung nach ihren Systemen, ihrer Verbreitung, ihren Gründen beleuchten.

I. Das System, welches bei uns in Deutschland bei allen politischen Wahlen in Kraft steht und welches auch in den anderen constitutionellen Staaten jedenfalls den Ausgangspunkt der Entwicklung gebildet hat, pflegt man als das System der reinen Mehrheitswahlen zu bezeichnen. In der Schweiz hat man dafür neuerdings im Gegensatz zu dem als „Proporz" bezeichneten Proportionalsystem den Ausdruck „Majorz" aufgebracht[4]). Dasselbe besteht darin, daß, gleichviel ob ein Vertreter, Abgeordneter, Wahlmann &c. oder mehrere zu wählen sind, lediglich diejenigen als gewählt gelten, welche die meisten Stimmen erhalten haben. Müssen die Candidaten zugleich, um gewählt zu sein, mehr als die Hälfte aller giltig abgegebenen Wahlstimmen auf ihren Namen vereinigen, so spricht man von absoluter Majorität, sonst von relativer, welche sich der absoluten dadurch nähern kann, daß der Gewählte, wenn auch nicht mehr als die Hälfte, so doch einen größeren Theil der abgegebenen Stimmen, z. B. in Sachsen 1/8 erhalten haben muß[5]). Gestatten Sie mir, daß ich zunächst, und zwar im Anschluß an das System der absoluten Mehrheit, welches in Deutschland das herrschende und besonders für die Reichstagswahlen das maßgebende ist, die unläugbaren Mängel der bestehenden Wahlart Ihnen vorführe.

Zunächst erscheint es schon, und namentlich wenn, wie dies regelmäßig der Fall ist, eine Pflicht zur Theilnahme an der Wahl nicht besteht, als Zufallssache und Unbilligkeit, daß, wenn 1000 Stimmen abgegeben worden sind, 501 Wähler alle ihre Vertreter durchbringen, 499 dagegen ganz leer ausgehen können. Denken Sie sich, wir würden für den Reichstag alle 397 Abgeordnete auf einer Liste wählen und hätten nur zwei Parteien, Liberale und Conservative, so könnte ein Mehr von 1 Stimme darüber entscheiden, ob der Reichstag ganz aus Liberalen oder ganz aus Conservativen zusammengesetzt sein soll. Stellen Sie sich nun weiter vor, daß in diesem Reichstag ein Gesetz, über dessen Einzelheiten man verschieden denken kann, mit einer kleinen Mehrheit zur Annahme gelangte, so würde sich das Resultat ergeben, daß ein Theil der Wähler, welcher wenig größer ist als 1/4, durch seine Abgeordneten dem ganzen Reiche Gesetze schriebe.

Diese Gefahr wird nun allerdings für gewöhnlich dadurch ausgeschlossen, daß die wahlfähige Reichsbürgerschaft nicht einen einheitlichen Wahlkörper bildet, sondern in 397 Wahlkreise eingetheilt ist, von denen jeder einen Abgeordneten zu wählen hat. So kann es nun zwar in jedem Wahlkreise vorkommen, daß eine große Minorität gegenüber einer kleinen Majorität unvertreten bleibt, aber für das Ganze kann man bis zu einem gewissen Grade einen thatsächlichen Ausgleich erwarten, indem, was hier Minorität, dort Majorität und umgekehrt sein wird. Immerhin bleibt das Gesammtresultat vom Zufall und, wie das in Ihren Händen befindliche Beispiel I zeigt[6]), von der Eintheilung der Wahlkreise abhängig, was immer, es mögen sich die maßgebenden Factoren noch so sehr von jeder parteiischen sogenannten Wahlkreisgeometrie fern gehalten haben, politisch seine schweren Bedenken hat. Schließlich aber kommt in Betracht, daß, wie schon im Jahre 1851 Eötvös[7]) hervorgehoben hat und jenes Beispiel gleicherweise zeigt, gerade die Eintheilung der Wähler in Wahlkreise es möglich macht, daß einer Majorität der Wähler eine Minorität der Gewählten entsprechen kann.

Ist schon die rechnerische Betrachtung des Mehrheitssystems im Stande, solche Bedenken hervorzurufen, so mehren sich dieselben noch, wenn man die politischen Folgerungen daraus sich vergegenwärtigt. Nur folgende Beobachtungen, die sich Ihnen gewiß selbst schon bei so mancher Wahl aufgedrängt haben werden, mögen hervorgehoben sein. Bei jeder Mehrheitswahl spielt in dem einzelnen Wahlkörper jede Partei, für sich betrachtet, va banque. „Alles oder Nichts" ist die Losung. Entweder sie erreicht die Mehrheit und bringt ihren Candidaten durch, oder sie bleibt in der Minderheit und unvertreten. Die Folge ist, daß nicht allein die Kräfte der Partei auf's Aeußerste angespannt werden, sondern daß auch der Wahlkampf die äußerste Schärfe annimmt, und in demselben oft genug Kampfesmittel zur Anwendung kommen, die das politische Leben lange über die Zeit der Wahl hinaus zu verbittern im Stande sind. Dazu kommt, daß Parteien, welche sich allein der Majorität nicht sicher fühlen, Alliancen suchen müssen, und Sie werden mir bestätigen, daß durch solche Wahlverbindungen nicht immer die einander nächststehenden, sehr häufig vielmehr Parteien, welche sich innerlich fremd gegenüberstehen, als unnatürliche Bundesgenossen zusammengeführt werden. Die nationalliberale Partei in Baden hat dies bei der jüngsten Reichstagswahl erfahren müssen, bei der sie durch die Coalition des Centrums mit Demokraten und Deutschfreisinnigen trotz ihrer relativen Stärke im ganzen Lande nicht einen einzigen Candidaten durchzubringen vermochte. Hält aber eine, wenn auch bedeutende Minderheit, welche solche Mittel entweder nicht besitzt oder nicht anwenden will, den Kampf von vornherein für aussichtslos, so zieht sie sich mehr und mehr vom politischen Leben zurück, die Wahlbetheiligung wird immer geringer, und oft nicht bei den schlechtesten Bürgern tritt Interesselosigkeit am öffentlichen Leben, ja Verbitterung ein. Und unter solchen Wehen wird schließlich eine Volksvertretung geboren, zu deren Beurtheilung die immer umfangreicher werdenden Wahlstatistiken erst das nöthige Material liefern müssen, und die an und für sich der Regierung, mögen die Wahlen für oder wider sie ausgefallen sein, ein klares Bild der Volksmeinung kaum zu gewähren im Stande ist.

II. Daß die Mittel und Wege, solchen Schäden und Gefahren abzuhelfen, schon an und für sich, und selbst abgesehen von den besonderen politischen Verhältnissen eines Landes, welche dieselben wesentlich erhöhen können, einen berechtigten Gegenstand des Nachdenkens bilden, werden Sie mir zugeben. Lassen Sie uns zunächst die daraus hervorgegangenen, theils verwirklichten, theils vorgeschlagenen Wahlsysteme betrachten, wobei wir uns aber bei der Fülle des Materials auf die hauptsächlichsten Grundformen beschränken müssen.

Man kann dem aufgestellten Problem entweder blos empirisch oder rationell näher zu kommen suchen. Empirisch betrachtet man die hervorgetretenen Mißstände und sucht dieselben durch gewisse drastische, äußerlich wirkende Mittel annähernd zu beheben oder doch zu beschränken. Die rationelle Betrachtung sucht nach einem inneren Principe, welches als solches dem Princip der reinen Majorität gegenübergestellt werden und so von innen heraus die aus dem letzteren sich ergebenden schädlichen Symptome beseitigen soll. Der Empiriker sieht der sieghaften Majorität eine unterdrückte Minorität gegenüber und geht darauf aus, von den Früchten des Kampfes einen Theil auch der Minorität vorzubehalten; der Rationalist stellt das Princip auf, daß die Gesammtzahl der Repräsentanten auf die einzelnen Parteien ihrer Stärke entsprechend zu vertheilen sei, woraus sich die Vertretung der Minoritäten als Folgerung ableitet. Die von dem letzteren Standpunkte aus entwickelten Systeme pflegt man neuerdings in der auswärtigen Litteratur als Proportionalwahlsysteme, die Arten des empirischen Verfahrens aber im engeren Sinne als Systeme der Minoritäten- oder Minoritätsvertretung [8]) zu bezeichnen.

1) Vom Standpunkte des empirischen Verfahrens ergeben sich zunächst zwei Systeme dadurch, daß man durch Rechtssätze entweder die Majorität für den Wahlkampf künstlich schwächt oder der Minorität eine künstliche Verstärkung zuführt. Aus der Combination beider Gesichtspunkte läßt sich dann eine dritte Gruppe von Systemen construiren.

a) Das System der künstlichen Schwächung einer vorhandenen Majorität ist das der „eingeschränkten Stimmgebung", französisch »vote limité«, welches im Jahre 1854 von Lord John Russel zuerst dem englischen Parlamente vorgeschlagen wurde [9]). Sollen in einem Wahlkörper drei oder mehr Repräsentanten gewählt werden, so darf hiernach jeder Wähler nur für einen Theil derselben seine Stimme abgeben; er darf z. B. bei drei Abgeordneten nur für zwei, bei vier und fünf nur für drei u. s. w. stimmen. Auf diese Weise kann die Majoritätspartei, wie man annimmt, durch das Votum der ihr anhängenden Wähler nicht mehr Wahlstellen besetzen, als diese auf ihre Wahlzettel Namen schreiben dürfen; der Rest fällt der Minorität anheim. Es läßt sich nun allerdings, wie gleich hier bemerkt sein mag, zeigen, daß in besonderen Fällen eine wohl disciplinirte Majorität durch ein Wahlmanöver dieses Resultat zu vereiteln und sich trotzdem die Gesammtheit der Sitze zuzuwenden vermag. In der Ihnen übergebenen Vortrags-Beilage wird dies durch das II. Beispiel veranschaulicht [10]).

b) Umgekehrt wird eine künstliche Stärkung der Minorität herbeigeführt durch das System der Stimmenhäufung, vote cumulatif oder accumulé, gleichfalls von einem Engländer, James Garth Marchall, 1853 vorgeschlagen [11]). Auch dieses System setzt Wahlkreise mit mehreren Abgeordneten, hier mindestens mit zweien, voraus und gestattet dem Wähler, die ihm hiernach zur Verfügung stehenden Stimmen, anstatt verschiedenen Candidaten zuzuwenden, auf einen oder mehrere Candidaten zu concentriren. Während die Majorität ihre Stimmen vertheilen muß, um ihre zahlreicheren Candidaturen durchzubringen, gelingt es der Minorität mit vereinigter Kraft wenigstens einige Sitze zu erobern. Das Beispiel III giebt die Erläuterung, zeigt aber auch zugleich, daß, wenn die Majorität ihre Stärke überschätzt, die durch das Wahlverfahren hervorgebrachte künstliche Poussirung der Minorität diese der Majorität über den Kopf wachsen zu lassen im Stande ist.

c) Beide Systeme, eingeschränkte Stimmgebung und Stimmenhäufung, können schließlich vereinigt werden. Auf demselben Boden einer Wechselwirkung von Majoritätenschwächung und Minoritätenstärkung bewegt sich auch das System Burnitz-Varrentrapp [12]) oder das System der Rangordnungsziffer, das einzige, welches in Deutschland in einer Broschüre der genannten Verfasser vom Jahre 1863 zu Frankfurt a. M. das Licht der Welt erblickt hat. Es geht von der Voraussetzung aus, daß der Wähler, wenn er mehrere Candidaten auf seinen Zettel schreibt, nur dem ersten seine volle Werthschätzung, dem zweiten nur die Hälfte, dem dritten nur ein Drittel derselben u. s. w. zuwenden wolle, und läßt daher nur die Wahl an erster Stelle als volle Wahlstimme, die Wahl an zweiter Stelle nur als halbe u. s. w. gelten. Jene Voraussetzung ist natürlich die reine Fiction, und die Sache kommt, nackt betrachtet, darauf hinaus, daß die Position eines Theils der Majoritätscandidaten durch eine nach der Rangordnung immer stärkere Division der auf sie gefallenen Stimmen künstlich geschwächt und dadurch die Position ihrer Gegner, soweit dieselben in geringerem Maße der Division unterliegen, künstlich gestärkt wird.

2) Den angeführten empirischen stehen, wie gesagt, diejenigen Systeme gegenüber, welche durch eine rationelle Behandlung und ein einheitliches Princip die Frage des Wahlverfahrens zur Lösung zu bringen suchen. Von dem Gedanken ausgehend, daß die Gesammtzahl der von einem Wahlkörper zu wählenden Vertreter verhältnißmäßig auf die Wähler und deren Gruppen zu vertheilen sei, legen sie alle den weiteren zur Ermittelung des Wahlresultates führenden Berechnungen eine Verhältnißziffer, den sogenannten Wahlquotienten oder, wie die Franzosen sagen: chiffre d'élection zu Grunde. Allein schon bei der Bestimmung dieses Wahlquotienten treten verschiedene Auffassungen hervor. Die Einen sagen folgendermaßen: wenn ein Wahlkörper von 100 Wählern 5 Abgeordnete zu wählen hat, so kommt immer 1 Abgeordneter auf 20 Wähler. Der Wahlquotient ist 20; er wird gefunden, wenn man die Gesammtzahl der Wähler durch die Gesammtzahl der zu wählenden Abgeordneten dividirt, und jeder Candidat ist gewählt, welcher eine diesem Wahlquotienten gleiche Stimmenzahl auf sich vereinigt. In dieser Form ist der Wahlquotient zuerst in dem 1859 erschienenen berühmten Werke »The election of representatives« von Thomas Hare[18]) aufgestellt worden, welcher als der wissenschaftliche Begründer des Proportionalverfahrens angesehen werden kann und, von den Anhängern desselben tief betrauert, im vorigen Jahre erst, nachdem sein Werk mehrere Auflagen er-

lebt hatte, verstorben ist[14]). So einleuchtend nun aber auch diese Berechnung im ersten Moment erscheint, so stehen ihr doch vom mathematischen Standpunkte wesentliche Bedenken entgegen. Nehmen Sie an, es handelt sich um einen Wahlkreis mit einem Abgeordneten, so wäre nach der Hare'schen Berechnung der Wahlquotient gleich der Gesammtzahl der Wähler dividirt durch eins, d. h. der Candidat müßte, um gewählt zu sein, sämmtliche Stimmen auf sich vereinigen. Allein das widerspricht ja allen unseren Wahlgrundsätzen: bei 100 Wählern braucht der Candidat für seine Wahl nicht 100, sondern nur 51 Stimmen, d. h. aber derjenige Candidat ist gewählt, welcher mehr als die Hälfte der Stimmen hat; seine Stimmenzahl ist größer, als die jedes anderen möglichen Candidaten. Gehen wir auf diesem Wege weiter, so müssen wir sagen: Sind zwei Abgeordnete zu wählen, so ist der gewählt, welcher mehr als ein Drittel der Stimmen erhalten; denn beide Gewählte haben dann zusammen mehr als $^2/_3$ der Stimmen und jeder andere Candidat kann nur weniger Stimmen erhalten haben, als sie, u. s. w. Wir kommen also zu dem Resultat: den Wahlquotienten erhält man, wenn man die Gesammtzahl der Wähler, d. h. derer, die wirklich gewählt haben, nicht durch die Zahl der Abgeordneten selbst, sondern durch die um eins vermehrte Zahl derselben dividirt und die auf den Quotienten folgende nächst höhere ganze Zahl nimmt. Bei 100 Wählern mit 5 Abgeordneten ist der Wahlquotient nicht $\frac{100}{5} = 20$, sondern $\frac{100}{6} = 16^4/_6$, also 17. Es ist nicht zu verwundern, daß für diese mathematisch genaue Berechnungsart sich unter den Anhängern der Proportionalvertretung ganz besonders die Mathematiker erwärmen, wie z. B. der Baseler Professor der Physik Dr. Hagenbach-Bischoff, einer der Vorkämpfer des Proportionalsystems, in der Schweiz wiederholt für dieselbe eingetreten ist [15]. Es ist aber klar, daß bei dieser Berechnung der Wahlquotient kleiner wird, als bei der Hare'schen, daß aber der Unterschied sich um so mehr ausgleicht, je größer die Zahl der zu wählenden Abgeordneten des Wahlkörpers ist [16].

Lassen wir im Folgenden die verschiedene Art, den Wahlquotienten zu berechnen, auf sich beruhen. Auf der Grundlage desselben scheiden sich nun die Proportionalwahlsysteme in zwei Hauptformen, in das System der proportionalen Einzelwahl und in das der proportionalen Listenwahl. In gewissem Anschlusse an frühere Schriften [17] läßt sich der Gegensatz folgendermaßen am besten verdeutlichen:

a) Stellen Sie sich vor, 100 Wähler hätten 5 Abgeordnete zu wählen; der Wahlquotient ist je nach der einen oder anderen Berechnungsart 20 oder 17. Es wird öffentlich und mündlich abgestimmt; der Wahlvorsteher läßt jeden Wähler vortreten und fragt ihn nach seinem Candidaten. Jeder Wähler darf nur einen Namen nennen und sobald ein Name den Wahlquotienten erreicht hat, erklärt der Wahlvorsteher den Träger des Namens als gewählt. Was ist die Folge? Die Anhänger derjenigen Partei, welche diesen Candidaten als ersten empfohlen hat, werden nunmehr, da er bereits gewählt ist, ihm keine weiteren Stimmen zuwenden, sondern jetzt für den zweiten ihrer Parteicandidaten stimmen. Jede Partei aber wird soviel Candidaten durchbringen, wie viel Mal der Wahlquotient in der Gesammtzahl ihrer Anhänger enthalten ist. Ersetzt man nun das öffentliche und mündliche durch das schriftliche und geheime Wahlverfahren, wo alle Wahlzettel in einer Urne gesammelt und dann erst verlesen werden, so ergibt sich die Schwierigkeit, daß der Wähler bei Niederschrift und Abgabe seines Wahlzettels nicht weiß, ob nicht der von ihm gewählte Candidat schon durch die in der Urne befindlichen Zettel gewählt ist. Man muß deshalb hier darauf denken, wenn bei Verlesung der Wahlzettel ein Candidat die nach dem Quotienten erforderliche Stimmenzahl erhalten hat, auf den folgenden Wahlzetteln dessen Namen durch einen anderen im Sinne der Wähler zu ersetzen. Welcher Name das sein soll, kann zunächst der Wähler selbst von vornherein bestimmen, d. h. er kann auf seinem Wahlzettel seinem Candidaten einen oder mehrere Substituten folgen lassen. Ist ein Candidat durch eine Anzahl Wahlzettel, auf denen er zuerst eingetragen ist, gewählt, so wird sein Name auf den folgenden Zetteln gestrichen und der Name seines auf ihn folgenden Substituten verlesen. Es ist dies im Grunde das System, nach welchem der gedachte englische Schriftsteller Hare die Abgeordneten zum englischen Unterhaus durch ganz England als einen einheitlichen Wahlkörper wählen lassen wollte [18]), und das unabhängig von ihm schon 1855 der dänische Mathematiker und Minister Andrä für eine Anzahl dänischer Wahlkreise verwirklicht hat. Man nennt das Hare'sche System vielfach schlechtweg das System des Quotienten, ohne aber damit ein ihm eigenthümliches Merkmal zum Ausdruck zu bringen; treffender wird es als System der proportionalen Einzelwahl mit eventueller Stimmenübertragung [19]), oder wie die Franzosen sagen, procédé du bulletin uninominal avec substituts, bezeichnet. Das schwerste nicht zu beseitigende Bedenken gegen dasselbe liegt aber, abgesehen von der Länge der Zeit, welche das

Verfahren in Anspruch nimmt, darin, daß bei demselben der Zufall der Reihenfolge, in welcher die Zettel aus der Urne entnommen und verlesen werden, eine, soweit ich sehe, nicht auszuschließende Rolle spielt, wofür ich in der Beilage unter Nr. V Beispiele gegeben habe[20]). Diesen Fehler sucht zu vermeiden ein System Walter-Baily, welches die Benennung des Substituten den gewählten Candidaten selbst überträgt. Jeder Wähler schreibt nur einen Namen auf seinen Zettel und der gewählte Candidat überträgt durch eine vor oder nach der Wahl abgegebene Erklärung seine überschüssigen Stimmen dem vor ihm beliebten Substituten. Es ist aber klar, daß damit ein wenigstens theilweiser Uebergang vom directen zum indirecten Wahlsystem vollzogen und dem Wähler ein Verzicht auf die eigene Ausübung seines Wahlrechts zugemuthet ist, der manchem derselben nicht behagen wird.

b) Geht das Hare'sche System von dem Princip der Einzel- oder einnamigen Wahl aus, so liegt dem zweiten Hauptsystem der Proportionalvertretung die Abstimmung nach Listen, scrutin de liste, zu Grunde, wonach jeder Wähler principiell für so viel Abgeordnete stimmt, als der Wahlkörper, welchem er angehört, überhaupt zu wählen hat. Individual- oder Einzelwahl und Listenwahl bilden Gegensätze von allgemeinerer Bedeutung, welche auch ohne Beziehung auf die Frage der Proportionalvertretung zur Verwirklichung verschiedener politischer Rücksichten dienen können und in der That z. B. in der Wahlgesetzgebung Frankreichs mehr wie einmal mit einander abgewechselt haben[21]). Um sich die Proportionalwahl auf Grundlage des Listensystems klar zu machen, kann man sich auch hier zunächst eine öffentliche Wahlhandlung vorstellen. Nur fragt der

Wahlvorsteher hier nicht jeden Wähler nach seinem Candidaten, sondern er schlägt ein anderes Verfahren ein. Bereits vor der Wahl haben die verschiedenen politischen Parteien ihre Candidatenlisten bei ihm eingegeben, und der Wahlvorsteher läßt nun die Wähler in Gruppen politisch gleichgesinnter, je nachdem sie der liberalen, conservativen oder Centrumsliste u. s. w. ihre Stimme geben wollen, auseinander treten. Nun zählt er die jeder Gruppe beigetretenen Wähler ab und gewährt jeder derselben soviel Abgeordnete als ihrer Stimmenzahl im Verhältniß zu der der anderen Gruppen entspricht, oder, wie wir zunächst in Anknüpfung an das Frühere sagen wollen, wie viel Mal der Wahlquotient in der Gesammtsumme ihrer Anhänger enthalten ist. Erhält danach eine Partei nicht ganz soviel Candidaten, als sie auf ihrer Liste aufgestellt hatte, so mag sie unter sich ausmachen, welchen Candidaten sie den Vorzug einräumt.

Ueberträgt man dies Verfahren auf die schriftliche und geheime Wahl, so muß man dafür sorgen, daß der Wähler, indem er für eine Liste stimmt, zugleich auch unter den Parteicandidaten die Männer seines besonderen Vertrauens kennzeichnen kann. Die Franzosen nennen das double vote simultané, „gleichzeitige Doppelwahl", wie wir sagen können, indem der Wähler gleichzeitig für ein Parteiprogramm und für eine Person seine Stimme abgibt[22]). Bei jeder proportionalen Listenwahl ist eine solche doppelte Wirkung der Abstimmung vorhanden; die Systeme können sich nur wieder danach scheiden, ob man bei der Abstimmung das Votum für die Partei oder das für die Person in erster Reihe zum Ausdruck bringt. Die erste Alternative würde in ihrer reinen Form zu dem System einer „gebundenen Liste" führen[23]), welches im Anschluß an die

Betrachtung der öffentlichen Wahl soeben näher gekennzeichnet wurde. Der Wähler stimmt für eine Liste; er kann zwar gleichzeitig die Männer seines besonderen Vertrauens auf verschiedene Art, durch die Reihenfolge der Namen, durch Streichung einzelner, mehrfache Bedenkung anderer, durch Vorzugszeichen, marques de préférence[24]) herausheben, ist aber dabei an die Candidaten der betreffenden Liste gebunden. Das andere System ist das der „freien Liste" [25]), bei welchem der Wähler berechtigt ist, zu „panachiren", wie man technisch sagt, d. h. seine Candidaten aus den verschiedenen Listen zusammenzutragen. Ob und inwieweit er dann noch als Anhänger einer bestimmten Liste erscheinen kann und will, und wie er dies zum Ausdruck zu bringen im Stande ist[26]), das bestimmt sich in den gemachten Vorschlägen verschieden und zwar naturgemäß in einer sich an das bisherige Wahlsystem des betreffenden Landes möglichst anlehnenden Weise. Daß das System der freien Liste oder der Listenconcurrenz, welches in seiner bis jetzt vollendetsten Form von dem belgischen Rechtsgelehrten Victor d'Hondt im Jahre 1882 entwickelt worden ist, unter allen Systemen der Proportionalvertretung das vorzüglichste ist, scheint jetzt unter den Anhängern des Princips entschieden zu sein[27]), wie denn auch der bei Gelegenheit der Antwerpener Weltausstellung unter dem 7. August 1885 abgehaltene internationale Congreß der Proportionalisten sich für dasselbe ausgesprochen hat[28]). Man wird auch, von der politischen Würdigung des Systems einstweilen abgesehen, den Nachweis jedenfalls als erbracht anzusehen haben, daß dasselbe mathematisch richtig funktionirt, d. h. in jedem Falle zu einem den Bedingungen der Proportionalität und der Absicht seiner Urheber entsprechenden Rechnungsresultate führt, ohne solchen Schwankungen und Zufälligkeiten, wie ich sie für die anderen Systeme bereits hervorgehoben habe, ausgesetzt zu sein. Bei dieser Bedeutung des Systems möchte ich, bevor ich diesen Theil meines Vortrags schließe, Ihre Aufmerksamkeit noch kurz auf einige Einzelheiten lenken, wobei ich, als uns Deutschen äußerlich und innerlich am nächsten liegend, diejenige Ausgestaltung des proportionalen Listensystems zu Grunde legen will, wie sie in der Schweiz namentlich von dem schon genannten Professor Hagenbach-Bischoff in Basel vertreten wird[29]). Hiernach findet also vor der Wahl eine officielle Eingabe von Candidatenlisten statt. Jede Anzahl von Wählern, welche einem im Gesetz aufgestellten Minimum entspricht, kann, mit ihrer Unterschrift versehen, eine Liste eingeben[30]). Ueber die weitere Behandlung der Listen durch die Behörde, über ihr Benehmen mit den Candidaten[31]), namentlich mit denjenigen, welche mehreren Listen gemeinsam[32]) sind, will ich hinweggehen. Bei der Wahl nun hat jeder Wähler das Recht, soviel Namen auf seinen Zettel zu schreiben, als Abgeordnete zu wählen sind. Er kann dabei stramm, wie man sagt, für eine Partei stimmen, als auch panachiren; er kann auch cumuliren, d. h. im Umfange der ihm zu Gebote stehenden Stimmen einen Namen mehrfach seinem Wahlzettel einverleiben[33]). Bei der Verlesung der Wahlzettel, französisch dépouillement, zählt jede für einen Namen abgegebene Stimme sowohl für die Liste, welcher der Candidat angehört, als auch für diesen selbst. Werden Stimmen für sogenannte Wilde, welche keiner Liste angehören, abgegeben, so bilden diese Wilden, und zwar jeder Name für sich, eine besondere Liste[34]). Bei Ermittelung des Wahlresultats wird nun zunächst berechnet, wie viel Stimmen jede Liste,

d. h. also alle in ihr enthaltenen Candidaten zusammen erhalten haben. Von jeder Liste sind soviel Abgeordnete gewählt, wie viel Mal der Wahlquotient in dieser Gesammtsumme enthalten ist; innerhalb jeder Liste aber haben diejenigen Candidaten den Vorzug, welche die meisten Stimmen erhalten haben [35]). Ich verweise in Bezug auf die rechnerische Ausführung auf das in der Beilage gegebene Beispiel VI, welches einem Wahlversuch in der Burgvogteihalle zu Basel vom 17. November 1890 entnommen ist.

Zum Schluß möge, unter Beiseitelassung anderer Einzelheiten, nur noch ein Punkt von Wichtigkeit hervorgehoben sein. Sie ersehen aus dem gedachten Beispiel Litt. B „Ausrechnung der Vertheilung", daß als Wahlquotient oder Wahlzahl nach mathematisch genauer Berechnung sich die Zahl 1080 ergeben hat, daß aber endgiltig nicht mit dieser Zahl, sondern mit dem Divisor 912 in die für die einzelnen Listen abgegebenen Stimmen hineindividirt wurde. Das hängt folgendermaßen zusammen. Dividirt man mit dem Wahlquotienten selbst, so kann es zwar augenscheinlich nie vorkommen, daß zusammen mehr Abgeordnete herauskommen, als zu wählen sind. Wohl aber kann es, wie hier, bei einer größeren Anzahl von Listen und vielen Wilden sich ereignen, daß im ersten Wahlgange nicht alle Abgeordnete gewählt sind. Dann kann man, wie dies ähnlich auch bei unseren heutigen deutschen Wahlsystemen geschieht, zum Zweck der Wahl der übrig gebliebenen Abgeordneten einen zweiten Wahlgang nach genau demselben System [36]) veranstalten. Das proportionale Listensystem ist aber auch im Stande, was als ein weiterer Vorzug desselben gerühmt wird, ohne die Umständlichkeit eines zweiten Wahlganges zum Ziele führen. Man braucht nämlich nur den

Wahlquotienten bis auf diejenige ganze Zahl zu vermindern, welche, gleichmäßig und daher unparteiisch in alle vorliegenden Listenziffern dividirt, die volle Gesammtsumme der Abgeordneten herauskommen läßt[87]). Dieses System operirt also nicht mit einem absoluten, sondern mit einem verminderten Wahlquotienten, welchen man in Belgien chiffre répartiteur oder diviseur genannt hat. Das Verfahren ist dasselbe, als wenn bei der früher geschilderten öffentlichen Wahlhandlung der Wahlvorsteher nicht erst den Wahlquotienten anwendet, sondern sofort nach der in den Schulen sogenannten Gesellschaftsrechnung ausrechnet, wie viele von den zu wählenden Abgeordneten auf jede Parteigruppe nach ihrer verhältnißmäßigen Stärke entfallen[87a]). Es hat aber, was näher auszuführen hier zu weit führen würde, dieses System, den zweiten Wahlgang zu vermeiden, seine Vorzüge vor einem anderen Vorschlage, dem nämlich, die bei Anwendung des absoluten Wahlquotienten nicht vergebenen Sitze denjenigen Listen zuzutheilen, deren Stimmenanzahl bei der Division die größten Reste, les plus forts excédants, ergeben hat[88]), wobei man dann wiederum nach dem System des Franzosen Pernolet, um kleinen Parteien nicht unverhältnißmäßig viel Stimmen zukommen zu lassen, für die Concurrenz der Listen ein gewisses Minimum ihrer Stimmenzahl festsetzen kann[89]).

III. Der hiermit beendeten Darlegung der Grundsysteme der Minoritäten- und Proportionalvertretung will ich nunmehr eine kurze Uebersicht über den Stand der Frage in den wichtigeren Kulturstaaten folgen lassen, soweit ich darüber auf der Grundlage des mir zu Gebote stehenden Materials Auskunft ertheilen kann. Ich stelle dabei unter den fremden Staaten diejenigen an die Spitze, in denen die

Reformbewegung sich bereits in gesetzgeberischen Acten verwirklicht hat, sei es, daß dieselben noch gegenwärtig in Kraft bestehen oder bereits wieder der kräftigeren Gegenströmung unterlegen sind.

1. Wie bereits früher bemerkt, war das kleine Dänemark [40]) der erste Staat, in dessen Gesetzgebung die Proportionalwahl Eingang fand. Der Mathematiker und Minister Andrä war es, auf dessen Veranlassung dieselbe durch kgl. Verordnung vom 2. Oktober 1855 für einen Theil der Wahlen zum Landsthing, der 1. Kammer Dänemarks, in Kraft gesetzt wurde. Seine grundgesetzliche Bestätigung hat dieser Zustand in den Jahren 1866 und 1867 erhalten. Nach dem jetzt geltenden Wahlgesetz vom 12. Juli 1867 werden von den 66 Mitgliedern des Landsthings 12 vom Könige ernannt, von den übrigen 54 werden 52 in mehrstelligen Wahlkreisen mittels indirecter Wahl durch Wahlmänner gewählt, wobei ein mit dem Hare'schen System der proportionalen Einzelwahl mit Substitution innerlich verwandtes Verfahren (Forholdstalsvalgmaade) zur Anwendung gelangt. Bei den durch das Volk vollzogenen Wahlen der Wahlmänner selbst, sowie bei den Wahlen zur II. Kammer, dem Volksthing, findet die Proportionalvertretung keine Stätte. Neuere Bestrebungen in Dänemark, welche, wie namentlich der 1886 von dem Deputirten Bayer vorgelegte Gesetzentwurf, die allgemeine Einführung des Freilistensystems bei den Wahlen zur Volksvertretung bezwecken, sind bis jetzt ohne Erfolg geblieben. Nur innerhalb des Volksthings findet das letztgedachte System seit Anfang 1890 auf die Wahlen des Comités, der parlamentarischen Enquêtecommission und der Secretäre Anwendung.

2. Im Lande seiner litterarischen Entstehung, in England[41]), hat das Hare'sche Proportionalsystem, welches namentlich auch von John Stuart Mill in seinem Buche über die Repräsentativverfassung lebhaft vertreten wurde, bisher Erfolge nicht aufzuweisen. Auch die Thätigkeit der seit 1885 bestehenden Gesellschaft für Proportionalvertretung, proportional representation society, hat hieran nichts geändert. Nur die Formen der im engeren Sinne sogenannten (empirischen) Minoritätenvertretung sind auf beschränktem Gebiete in England zur gesetzlichen Einführung gelangt; doch ist auch deren Geltung jetzt wieder im Rückgange begriffen. In die zweite sogenannte Reformbill von 1867 wurde nämlich auf einen im Oberhause gestellten Antrag des Lord Cairn eine Bestimmung aufgenommen, daß in zwölf großstädtischen Wahlkreisen von 3 bzw. 4 Abgeordneten die beschränkte Stimmgebung derart Platz greifen sollte, daß jeder Wähler nur für 2 bzw. 3 Abgeordnete seine Stimme abgeben dürfte. Es ist jedoch diese Besonderheit bei Gelegenheit der dritten Reformbill von 1885 trotz der Opposition, welche im Parlamente namentlich der bekannte Sir John Lubbock erhob, wieder beseitigt worden. Dagegen besteht seit 1870 für die Wahlen zu den Schulräthen, school boards, das cumulative Wahlsystem, welches auch 1872 auf Schottland mit besonderer Berücksichtigung der dortigen confessionellen Minderheiten ausgedehnt wurde.

3. Das System der beschränkten Stimmgebung besteht seit dem Wahlgesetz vom 28. Decbr. 1878 auch in Spanien[42]). Die dortige Volksvertretung, Cortes genannt, setzt sich aus dem Senat und dem Congreß der Deputirten zusammen. Soweit die letzteren in Wahkreisen zu 3—8 Deputirten erwählt werden, findet Minoritätenvertretung statt. Da

jedoch bei dem System der beschränkten Stimmgebung, wie auch früher hervorgehoben wurde, es trotzdem der Majorität in besonderen Fällen gelingen kann, die Minorität zurückzudrängen, so besteht in Spanien, wie auch in Portugal, die eigenthümliche, an das Hare'sche System der allgemeinen Landeswahlen anklingende Bestimmung, daß für eine bestimmte Anzahl von Sitzen auch diejenigen als Deputirten zugelassen werden, welche in mehreren Districten Minderheitsstimmen von zusammen 10000 erhalten haben. Das beschränkte Stimmrecht ist schließlich in Spanien auch für die Wahlen zu den Gemeinderäthen, ayuntamientos, und den Provinzialdeputationen in Kraft gesetzt worden.

4. Italien[48]) hat nach einer kurzen und auch nur theilweisen Herrschaft der Minoritätenvertretung derselben neuestens wieder den Rücken gewendet. Das italienische Parlament besteht aus dem Senat und einer Kammer von 508 Deputirten, welche früher in 508 Einerwahlkreisen gewählt wurden. Durch das Gesetz vom 24. Septbr. 1882 wurde an Stelle dieses Verfahrens die Listenwahl in 135 Wahlcollegien eingeführt, und zwar in 35 Collegien, welche die größte Zahl von 5 Deputirten zu wählen hatten, mit beschränkter Stimmgebung für nur 4. Nach neuesten Berichten ist man jedoch durch Gesetz v. 5. Mai 1891 unter Wiederaufhebung der Listenwahl und der Minoritätenvertretung zu dem früheren System der einnamigen Wahlkreise zurückgekehrt. Immerhin wird die Reformbewegung in Italien fortgesetzt im Parlament wie in der Litteratur durch eine ganze Reihe bedeutender Namen, unter denen der Deputirte Genala besonders hervortritt, vertreten, und eine Gesellschaft, associazone per lo studio della representanza

proportionale, hat sich das Studium der Proportionalvertretung zur eigenen Aufgabe gesetzt.

5. Außerordentlich lebhaft hat sich die Proportionalistenbewegung in der Schweiz[44]) entfaltet. Hier und in Belgien liegt, wie man sagen kann, das Hauptarbeitsfeld derjenigen Männer, welche, einer blos empirischen Auffassung der Frage abgeneigt, dieselbe in principieller Weise zu begründen und zu lösen streben. Mit besonderer Energie hat sich stets die Gesellschaft für Wahlreform, association réformiste in Genf, an deren Spitze der unermüdliche Ernst Naville steht, der Sache angenommen; in Basel wirkt der schon öfters genannte Professor der Physik Hagenbach-Bischoff, dessen freundliches Entgegenkommen auch mir bei der Sammlung des Materials für meine Studien zur Frage von hohem Werthe war; in Luzern ist es der Ständerath Herzog, in anderen schweizer Cantonen sind es andere hochangesehene Männer der Theorie und Praxis, welche in ihren Bemühungen für Durchführung ihrer Ideen trotz zahlreicher Mißerfolge nicht erlahmen. Denn auch an Gegnern der Minoritätenvertretung fehlt es nicht in der Schweiz, und zu den bedeutendsten derselben gehört der Berner Staatsrechtslehrer Hilty, welcher im Jahre 1882 in einem dem schweizer Bündesrath auf Ersuchen abgegebenen Gutachten die neuen Wahlsysteme geistvoll, aber, wie mir scheint, nicht ohne Voreingenommenheit bekämpft hat. Bei diesem Kampf der Geister schreitet die gesetzgeberische Aufnahme der Minoritätenvertretung nur langsam vorwärts. Wiederholte Anregungen bei den centralen oder cantonalen Organen der schweizer Gesetzgebung, unterstützt durch öffentliche Wahlversuche, wie sie namentlich in Zürich und Basel abgehalten wurden, führten nicht zum Ziele; in Luzern, Zürich, Basel

sind die Vorschläge neuestens, zum Theil durch Volksabstimmung verworfen worden. Eingeführt ist das System der eingeschränkten Stimmgebung bei der Wahl des städtischen Gemeinderaths in Bern, während das Freilistensystem, bemerkenswerther Weise aber ohne das Recht zu cumuliren, neuestens in Tessin für die Wahl der Municipalität nach dem Gesetz v. 22. Mai 1891 und für die des Großraths und des Verfassungsraths nach dem Gesetz v. 24. November 1891, endlich im Canton Neuenburg durch das Gesetz v. 28. October 1891 für die Wahlen zum Großrath angenommen worden ist.

6. Dem schweizerischen republikanischen Bundesstaat möge der nordamerikanische[45]) sogleich angeschlossen sein. In den vereinigten Staaten ist die gesetzliche Durchführung der Minoritätenvertretung eine verhältnißmäßig ausgedehnte; aber überall sind es, soviel ich sehe, die empirischen Systeme der eingeschränkten Stimmgebung und der Cumulation, welche hier zur Anwendung gelangt sind. In der Union selbst, dem Gesammtstaat, haben die neuen Ideen Erfolge bisher nicht zu verzeichnen; ein Versuch Buckalew's im Jahre 1869, bei Berufung der Wahlmänner für die Präsidentenwahl der Minoritätenvertretung Eingang zu verschaffen, ist gescheitert. Ihren Sitz hat die Minoritätenvertretung in den amerikanischen Einzelstaaten. Mehrfach, so 1867 in New-York und 1872 in Pennsylvanien, sind die Wahlen zur verfassunggebenden Versammlung nach dem System der eingeschränkten Stimmgebung vollzogen worden, und in Illinois ist schon im Jahre 1870 durch Volksabstimmung das Cumulationssystem für die Staatslegislatur angenommen, in Ohio dagegen 1874 ebenso verworfen worden. Auch in der Gemeinde- und Armenverwaltung findet die Minoritätenvertretung ihre Stätte; was aber die

amerikanischen Verhältnisse besonders interessant macht, ist, daß in einzelnen Staaten, wo die Bestellung der Richter durch Volkswahl stattfindet, man auch bei der Berufung dieser Organe, welche kraft ihres Amtes, ohne rechts oder links zu schauen, nur dem Gesetz zu dienen bestimmt sein sollen, der Minorität durch das System der eingeschränkten Stimmgebung einen besonderen Einfluß sichern zu müssen glaubte, wie das in New-York und Pennsylvanien geschehen ist.

7. Daß in Belgien[46]) die Reformbewegung eine in hohem Grade lebhafte ist, habe ich bereits vorher zum Ausdruck gebracht. Belgien ist, wie erwähnt, das Land, in welchem durch Victor d'Hondt das Freilistensystem mit vermindertem Wahlquotienten seine neueste Fassung erhalten hat. Die belgische Association réformiste, welche seit 1882 eine eigene Monatsschrift: »La représentation proportionelle« herausgibt, hat sich jenem Systeme angeschlossen und auch der schon erwähnte Antwerpener Weltcongreß von 1885 hat sich dasselbe zu Eigen gemacht. Ein im Jahre 1887 der Repräsentantenkammer aus parlamentarischer Initiative heraus vorgelegter und namentlich von dem Präsidenten der Association, Namens de Smedt, vertretener Gesetzentwurf wollte dasselbe Freilistensystem auf die etwas eigenthümlich gestalteten belgischen Wahlformen anwenden, wonach namentlich interessant ist, daß die verschiedenen Listen als Colonnen neben einander gestellt dem Wähler auf Wahlpapier vorgedruckt behördlicherseits geliefert werden. Für die verschiedenen Parteien sind verschiedene Druckfarben hergebracht, die Liberalen sind blau, die Katholiken hier nicht schwarz — eine Farbe, welche vielmehr den Neutralen vorbehalten ist —, sondern carminroth. Die Abstimmung erfolgt, um dem Wähler das

Geschäft denkbarst bequem zu machen, dadurch, daß derselbe einen über der Liste und neben jedem Namen in schwarzem Felde angebrachten weißen Punkt schwärzt, von denen der erstere Listenpunkt, die anderen aber Vorzugsmarken, marques de préférence genannt werden. Der Gesetzentwurf ist bis jetzt nicht erledigt; die section centrale der Kammer beantragte in ihrem Berichte vom 6. Mai 1891 die Einführung des neuen Wahlsystems versuchsweise auf die Wahlen zu den Provinzialräthen, was eine Umarbeitung des Entwurfs nothwendig machte. Gegenwärtig ist die Angelegenheit, wie die Zeitungen berichten, durch einen ministeriellen Gegenentwurf in ein neues Stadium getreten.

8. Weniger ist über Frankreich[47]) zu berichten, wo sich die gesetzgebenden Faktoren trotz wiederholter parlamentarischer Debatten bisher ablehnend verhalten haben. Doch ist im Uebrigen die Bewegung auch hier durchaus nicht zu unterschätzen, und wir verdanken der französischen société pour l'étude de la représentation proportionelle eine im Jahre 1888 erschienene Zusammenstellung monographischer Arbeiten über die Proportionalvertretung und ihren Stand in den einzelnen Ländern, welche zwar durch die neueste Entwicklung vielfach überholt ist, aber noch immer für die erste Orientirung sehr brauchbar ist[48]).

9. Werfen wir nun zuletzt einen Blick auf Deutschland, so ist in thatsächlicher Geltung nur eine einzige Bestimmung, in welcher man eine Art Minoritätenvertretung erblicken kann[49]). Nach der hamburgischen Verfassung Art. 54 werden von der dortigen Volksvertretung, Bürgerschaft genannt, aus ihrer Mitte 19 Mitglieder eines Bürgerausschusses gewählt. Wer die Stimmen von mindestens 1/4 der Anwesenden erhalten hat, ist gewählt. Die Wahl wird so lange fortgesetzt, bis

alle Ausschußmitglieder gewählt sind. Wenn beim letzten Wahlgange mehr Personen, als noch nöthig sind, gewählt werden, so entscheidet unter ihnen relative Majorität. Wenn man genau hinsieht, so hat man es hier mit einer auf größere Wahlkörper nicht anwendbaren wiederholten proportionalen Einzelwahl ohne Substitution zu thun, indem bei jedem einzelnen Wahlgange als Wahlquotient die Zahl von 1/4 der anwesenden Bürgerschaftsmitglieder zu fungiren hat. — Daß in Frankfurt a. M. kurz vor Verlust seiner Selbständigkeit im Jahre 1863 ein neues System der empirischen Minoritätsvertretung von Burnitz und Varrentrapp empfohlen worden ist, wurde bereits früher erwähnt. Vom 25. März bis 8. April 1864 wurde darauf im gesetzgebenden Körper ein Antrag Dr. Passavant auf Einführung eines modificirten Hare'schen Proportionalverfahrens berathen, aber abgelehnt[50]). — In den Schriften über die Frage werden auch Verhandlungen, welche in Bayern und Württemberg stattgehabt haben sollen, erwähnt; doch habe ich für Bayern trotz Nachfrage bei maßgebenden Autoritäten nichts Positives feststellen können; in Württemberg haben bei Vorlegung des Verfassungsgesetzes von 1867 die Ministerien in ihrer Begleitungsnote die Principien von Hare und Stuart Mill als noch weiterer wissenschaftlicher Abklärung bedürftig und noch nicht reif zur Einführung in's Leben bezeichnet[51]). Im badischen Landtage ist die Frage gelegentlich, aber nur flüchtig gestreift worden[52]). — In der Litteratur ist namentlich das Hare'sche System in den 60er und 70er Jahren Gegenstand einer wenigstens zum Theil günstigen Beurtheilung gewesen, so namentlich in Bluntschli's Politik und einem Tübinger Universitätsprogramm von Hack[53]). — Interessant ist, daß nach einer

Notiz der früheren Augsburger Allgemeinen Zeitung vom Jahre 1881 und nach einer an Ernst Naville in Genf gerichteten brieflichen Bestätigung, welche dieser im Jahrgang 1885 der belgischen Monatsschrift mittheilt, sich der Fürst Bismarck wiederholt dahin ausgesprochen hat, daß bei den Wahlen zum Reichstag jeder Partei eine der Summe der für sie abgegebenen Stimmen entsprechende Anzahl von Abgeordneten zugewiesen werden sollte [54]). — Daß das socialdemokratische Parteiprogramm neuestens das Proportional-Wahlsystem als Forderung aufgestellt hat, habe ich bereits Eingangs erwähnt [55]); doch ist über eine bestimmte Form der Verwirklichung dieses Programmpunktes, worauf es doch wesentlich ankommt, in der socialdemokratischen Partei nach Allem, was man hört, keine officielle Meinung vorhanden. Daß bei einer etwaigen Einführung einer Minoritätenvertretung bei den Wahlen zum Reichstage die Eintheilung des Reichsgebietes in lauter Einerwahlkreise abgeändert und mindestens eine Anzahl derselben behufs gleichzeitiger Wahl mehrerer Abgeordneter zusammengelegt werden müßte, da bei der Wahl nur eines Abgeordneten nach keinem Systeme eine Minoritätenvertretung zu ermöglichen ist, braucht nach dem Vorangegangenen kaum hervorgehoben zu werden. Neuerdings wird nun vorgeschlagen, die Wahlkreise nur als Stimm- oder Registraturbezirke bestehen zu lassen, das ganze Reich aber zu einem einheitlichen Wahlkörper zu organisiren. Für diesen wird dann entweder ein großes Freilistensystem [56]) oder eine Art Combination des Hare'schen mit dem Freilistensystem empfohlen, indem bei der Stimmgebung das erstere, bei der Ermittelung des Wahlresultates aber das letztere zur Anwendung gelangen soll. Der Wähler stimmt nur für einen Abgeordneten, und zwar ohne Substituten, aber es findet unter den Candidaten derselben Partei eine Accrescenz, d. h. ein Stimmenzuwachs statt, so daß im Resultate die Abgeordneten auf die Parteien im Verhältniß der für sie abgegebenen Stimmen vertheilt werden[56a]).

IV. Ich hoffe, daß Sie, meine Herren, durch die vorangegangene Darstellung der Grundsysteme und der Verbreitung der Minoritäten- und Proportionalvertretung eine Anregung zu eigenem Nachdenken über einen gewiß wichtigen Gegenstand unseres constitutionellen Staatsrechts erhalten haben werden. Als Lehrer des Staatsrechts und nicht der Politik könnte ich mich damit begnügen. Allein es erscheint mir billig, daß, nachdem ich im Eingange meines Vortrages Ihre Aufmerksamkeit auf die politischen Nachtheile des gegenwärtig herrschenden Systems der reinen Majorität gelenkt habe, ich jetzt zum Schlusse meines Vortrages auch mit einer politischen Würdigung des Systems der Minoritätenvertretung nicht zurückhalte. Ueber den Rahmen dieses Gegensatzes gedenke ich dabei nicht hinauszugehen und daher namentlich die Frage unerörtert zu lassen, ob nicht überhaupt das Princip der reinen Zählung, insoweit es die Wähler ohne Rücksicht auf ihre individuellen Eigenschaften als überall gleiche Ziffern neben einander stellt und die Bevölkerung ohne Rücksicht auf ihre gesellschaftliche und namentlich wirthschaftliche Gliederung in eine unorganische und atomistische Masse auflöst, seiner Natur nach mit Fehlern behaftet ist, welche durch keine bloße, wenn auch noch so künstliche Zahlenoperation beseitigt werden können. Nur „Majorz" und „Proporz" lassen Sie mich in unparteiischer Weise noch einen Augenblick gegeneinanderhalten.

In vielen Schriften über unseren Gegenstand wird versucht, das Princip der Proportionalvertretung als ein aus dem Wesen des constitutionellen Staates mit begrifflicher Nothwendigkeit sich ergebendes und daher überall gleich anwendbares hinzustellen. Ich halte dies für zu weitgehend, mag nun, wie es geschehen ist, der Schwerpunkt der Beweisführung mehr auf das politische oder auf das mathematische Gebiet verlegt werden.

Die Politiker unter den Proportionalisten knüpfen immer wieder an eine Aeußerung Mirabeau's an, nach welcher die Stände für die Nation sind, was eine Karte für die äußere Erscheinung des Landes ist[57]). In seinen Theilen und im Ganzen soll das Bild jederzeit die nämlichen Verhältnisse zeigen, wie das Original. Weil die Volksvertretung das Volk bei der Gesetzgebung „repräsentiren" soll, so erscheint es als eine aus dem Worte sich ergebende begriffliche Nothwendigkeit, daß sie, wenn auch in verkleinertem Maßstabe, die verschiedenen Willensmeinungen der Volksgenossen getreu wiederspiegele. Es ist zuzugeben, daß eine bestimmte Verfassung von dieser Grundanschauung ausgehen oder doch von ihr erheblich beeinflußt sein und so zu einer proportionalen Volksvertretung geführt werden kann: ebenso sicher aber erscheint es, daß diese Auffassung vom Wesen der Volksvertretung keine unbedingt nothwendige ist; und daß jedenfalls in den bekannteren Staatsverfassungen eine ganze Reihe sonstiger Bestimmungen gegeben sind, welche auf einen anderen Grundgedanken zurückführen. Wenn namentlich die Volksvertretung auf eine, in Deutschland neuerdings noch verlängerte, Reihe von Jahren gewählt wird, trotzdem sich in dieser Frist sowohl die Parteigruppirungen im Volke, wie auch die politischen Anschauungen der Gewählten selbst von Grund aus ändern können, wenn unsere Verfassungen ausdrücklich verbieten, die Abgeordneten an Aufträge und Instructionen ihrer Wähler zu binden, damit sie sich in freier Würdigung des Volkswohls unter dem Eindrucke der stattgehabten Verhandlungen in jedem Einzelfall ihre Ansicht bilden können, wenn die Abgeordneten selbst, zum Theil unter Eideszwang, verpflichtet werden, sich als Vertreter des gesammten Volkes ohne Rücksicht auf die wechselnden Majoritäten, von denen sie gewählt sind, zu betrachten [58]), und diese erhabene Aufgabe auch denjenigen Mitgliedern unserer einzelstaatlichen Kammern zugewiesen ist, welche gar nicht durch allgemeine Wahlen, sondern auf anderem Wege, namentlich durch Berufung des Monarchen in dieselben eingetreten sind: so leuchtet aus allen diesen Bestimmungen ein ganz anderer Gedanke hervor, als der, daß die Volksvertretung ein mechanischer Abklatsch der Wählermassen sein und bleiben soll, der nämlich, daß es wenigstens das Ziel aller dieser Veranstaltungen ist, die besten, erleuchtetsten und vertrauenswürdigsten Männer des Volkes mit einer selbständigen und unbefangenen Berathung und Beurtheilung des allgemeinen Wohls zu betrauen [59]).

Daß bei der Wahl dieser Männer alle Wähler gleichberechtigt sind, mag demokratischen Grundsätzen entsprechen; aber selbst von diesem Standpunkte aus erscheint es als eine anfechtbare Folgerung, welche die Mathematiker unter den Proportionalisten ziehen, daß aus der Gleichberechtigung der Wähler das Recht ihrer Gruppen auf eine proportionale Vertretung folge [60]). Die Gleichberechtigung der Wähler bedeutet an sich nur die Gleichheit Aller bei der Wahl, dem Wahlkampfe, aber nicht die gleichmäßige Vertheilung des Kampfpreises. Die proportionale Vertheilung der Abgeordneten auf die Parteigruppen könnte man insofern eher als eine undemokratische Forderung bezeichnen, als sie in Ländern, wo nicht das sog. Referendum[61]), d. h. die Möglichkeit besteht, die Beschlüsse der Volksvertretung einer unmittelbaren Volksabstimmung zu unterwerfen, dem Volke selbst die einzige Gelegenheit nimmt, durch seine Abstimmung eine wirkliche eigene Willensentscheidung über die Richtung der Staatspolitik zu geben, und es darauf beschränkt, sich durch den Wahlapparat selbstthätig politisch zu photographiren. —

Wenn ich so den doctrinären Standpunkt verwerfe, welcher die Proportionalvertretung als eine begrifflich nothwendige in Anspruch nimmt, so verkenne ich vom Standpunkte des praktischen Politikers keinen Augenblick die Vortheile, welche dieselbe den Schäden des herrschenden Wahlsystems entgegenzusetzen im Stande ist. Nur werden sich die neuen Ideen dann gefallen lassen müssen, daß man ihnen auch die Fehler ihrer Vorzüge geschwisterlich an die Seite stellt und sie in dieser Verbindung im Zusammenhang mit den sonstigen politischen Einrichtungen eines Staates würdigt. So erscheint es mir in erster Richtung von höchster politischer Wichtigkeit, daß eine Volksvertretung nicht einseitig aus den herrschenden Classen zusammengesetzt werde, daß die Minoritäten nicht zu politischer Theilnahmlosigkeit verurtheilt, sondern in die Lage versetzt werden, die parlamentarische Verhandlung durch Darlegung ihrer Interessen und Anschauungen zu befruchten und so auf die Beschlüsse der Volksvertretung selbst und auf die Entscheidung der Regierung, sowie auf deren Beurtheilung der politischen Zustände im Lande einen Einfluß zu gewinnen. Aber auf der anderen Seite wird der praktische Politiker auch zu erwägen haben, daß wenigstens gewisse Systeme der Minoritätenvertretung, namentlich das der beschränkten Stimmgebung, durch welches der Minorität eine absolute Anzahl von Sitzen gesichert werden soll, geeignet sind, der Minderheit eine Bedeutung zu geben, welche ihr thatsächlich vielleicht nicht zukommt. Er wird sich die Erfahrung vergegenwärtigen müssen, daß häufig parlamentarische Minderheiten, gerade je schwächer sie sind, um so mehr es lieben, durch unfruchtbare Anträge und langhingezogene Debatten die Erledigung dringender Geschäfte zu verzögern. Er wird gegen eine neu einzuführende Verstärkung der Minderheiten die Schwierigkeiten in Betracht ziehen, welche jeder constitutionellen Regierung aus dem Mangel einer compacten Majorität, auf die sie sich stützen kann, erwachsen, und Mancher[61a]) dürfte Bedenken tragen, den Einfluß solcher Minderheiten zu stärken, welche die nationalen, politischen oder wirthschaftlichen Grundlagen der bestehenden Staats- und Gesellschaftsordnung principiell negiren.

Für sehr wohl möglich und politisch wohlthätig halte ich es auch, daß die Einführung der proportionalen Vertretung in einem Lande die Erbitterung und Erhitzung des Wahlkampfes mildert, indem sie die Parole „Alles oder Nichts" beseitigt. Dem steht gegenüber die Gefahr, daß die Berücksichtigung zu kleiner Minderheiten, wenn sie nicht durch besondere Cautelen, wie den erwähnten Pernolet'schen quotient d'élimination, ausgeschlossen wird, zur Cliquenwirthschaft führe, sowie die, daß die parteimäßige Spaltung des Volkes an der Hand der neuen Systeme noch Fortschritte mache. Diese Gefahr scheint mit jedem System der Minoritäten- oder Proportionalwahl untrennbar verbunden zu sein, indem sie alle das stramme Zusammengehen innerhalb der verschiedenen Gruppen nach einem bestimmten Plane zur Erreichung des beabsichtigten Resultates mehr oder weniger voraussetzen. Auch das jetzt am meisten empfohlene System der freien Liste, welches sich durch die Möglichkeit, Candidaten verschiedener Listen gleichzeitig zu wählen, so sehr empfohlen glaubt, bringt materiell den Parteistandpunkt der Wähler mit Schärfe zum Ausdruck. Sie werden das würdigen, wenn Sie noch einmal auf das Beispiel VI Litt. A zurückblicken, aus dem sie ersehen, daß z. B. in der Liste I die beiden ersten Candidaten gewählt sind, trotzdem sie persönlich nicht einmal den verminderten Wahlquotienten 912 erreicht haben, blos weil nach der für die Partei abgegebenen Stimmenzahl auf diese zwei Sitze entfallen. Und es erscheint das Bedenken, welches die der Proportionalvertretung abgeneigte Majorität der Großrathscommission ausgesprochen hat[62]), nicht widerlegt, daß ein Wähler, welcher aus persönlichem Vertrauen einem gewissen Candidaten einer Liste seine Stimme giebt, vielleicht nicht diesem, wohl aber der Liste und damit einem anderen Candidaten derselben mit höherer Stimmenzahl zum Siege verhilft.

Endlich stellt sich den Systemen der Proportionalwahl die größere Complicirtheit des Verfahrens und der Berechnungen entgegen. Ich halte diesen Grund keineswegs für ausschlaggebend, da Schwierigkeiten der Form schließlich durch innere Gründe überwunden werden müssen, und ich stimme mit den mathematischen Vertretern der Proportionalität darin überein, daß jene rechnerischen Schwierigkeiten vielfach aufgebauscht und überschätzt werden: aber beachtenswerth bleibt es doch, daß bisher die meisten Staaten im Interesse einer leichten Verständlichkeit des Wahlsystems sich lieber den principlosen, aber einfacheren Systemen der eingeschränkten Stimmgebung und des Cumulativvotums, als dem rationellen System der Proportionalität angeschlossen haben.

All' diese Vorzüge und Mängel hat schließlich, wie ich glaube, der praktische Staatsmann nicht isolirt, sondern in Beziehung auf die sonstigen politischen Einrichtungen und Verhältnisse seines Staates gegen einander abzuwägen. Wenn, um hier nur Weniges anzudeuten[63]), in einer Republik, in welcher die Beschlüsse der Volksvertretung dem Referendum unterzogen werden können, die proportionale Zusammensetzung der ersteren nicht allein, wie bereits bemerkt, vom demokratischen Standpunkte aus besonders erträglich, sondern auch, um einen häufigen Zwiespalt beider Entscheidungen zu vermeiden, besonders wünschenswerth erscheinen mag: so darf in Staaten mit starker, nicht parlamentarisch regierter Monarchie nicht vergessen werden, daß die Volksvertretung hier nur *einen* Factor des Staatslebens bildet, und daß die einseitige Verfolgung der Majoritätsinteressen einen starken Damm in der Monarchie vorfinden wird, deren schönster und gerade bei uns in Deutschland in socialer Beziehung besonders bewährter Beruf es ist, den Schwachen ihren starken Schutz zu verleihen.

Beilage.

I.

Einfluß der Wahlkreis-Eintheilung bei reinen Mehrheitswahlen.

1. Eintheilung.

Wahlkreis	Wähler		Abgeordnete	
	Liberale	Conservative	Liberale	Conservative
A	3005	1995	1	0
B	2645	2355	1	0
C	3238	1765	1	0
D	2509	2491	1	0
E	2603	2394	1	0
	14000	11000	5	0

2. Eintheilung.

a	2378	2622	0	1
b	2352	2648	0	1
c	2428	2573	0	1
d	2271	2729	0	1
e	4571	428	1	0
	14000	11000	1	4

Bei der 2. Eintheilung zeigt sich zugleich, daß der Majorität der Wähler eine Minorität der Abgeordneten entsprechen kann.

II.

System der eingeschränkten Stimmgebung (vote limité).

Der Wähler darf nur für einen Theil der zu wählenden Abgeordneten stimmen, z. B. bei dreien nur für zwei u. s. w. Möglichkeit, daß trotzdem die Majorität alle Wahlstellen besetzt; z. B.:

1) Bei 84 Wählern, welche 3 Abgeordnete wählen sollen, gehören 51 der conservativen, 33 der liberalen Richtung an. Candidaten der Conservativen sind A. B. C, Candidat der Liberalen ist D. Es stimmen

17 Conservative für A und B
17 „ „ B und C
17 „ „ A und C
33 Liberale „ D.

Gewählt sind bei relativer Stimmenmehrheit A. B. C mit je 34 Stimmen gegen 33 für D;

oder

2) 60 Wähler in zwei Parteien zu 40 und 20 sollen 12 Vertreter mit beschränktem Votum für 8 wählen, so daß 4 Sitze für die Minorität bestimmt sind. Es wählen aber von der Majorität

15: A. B. C. D. E. F. G. H
15: E. F. G. H. J. K. L. M
10: A. B. C. D. J. K. L. M.

Gewählt sind E. F. G. H mit 30, A. B. C. D. J. K. L. M mit 25 Stimmen, während die Candidaten der Minorität nur 20 Stimmen erhalten.

III.

System der Stimmenhäufung (vote cumulatif).

60 Wähler wählen 3 Abgeordnete; die Candidaten der 40 Liberalen A. B. C erhalten je 40 Stimmen; die Conservativen wählen 20 Mal D. D. D. — Gewählt wird der Candidat der Minderheit mit 60 Stimmen und 2 Candidaten der Mehrheit mit je 40.

Aber:

Unter 70 Wählern sind 40 Liberale und 30 Conservative; es erhalten
die Liberalen A. B. C je 40 Stimmen,
die Conservativen D. D. E je 15 „
„ „ D. E. E je 15 „

Erhalten haben D und E je 45 Stimmen, während der Majorität nur 1 Sitz mit 40 Stimmen verbleibt.

IV.

System der Rangordnungsziffer (Burnitz-Varrentrapp).

	Partei A	Partei B	Partei C
1. Candidat	$\frac{1500}{1} = 1500$	$\frac{900}{1} = 900$	$\frac{600}{1} = 600$
2. Candidat	$\frac{1500}{2} = 750$	$\frac{900}{2} = 450$	$\frac{600}{2} = 300$
3. Candidat	$\frac{1500}{3} = 500$	$\frac{900}{3} = 300$	$\frac{600}{3} = 200$

Sind drei Abgeordnete zu wählen, so ist der 1. und 2. Candidat der Partei A und der 1. Candidat der Partei B gewählt. Der vierte Abgeordnete würde der 1. Candidat der Partei C sein u. s. w.

V.

Hare'sches System der proportionalen Einzelwahl mit Substituten. — Einfluß der Reihenfolge der Wahlzettel.

Beispiel: Wahlquotient 1000. Es liegen u. A. in der Urne 1000 Wahlzettel: A. B 2c., 1000 andere A. C 2c. — Gewählt ist jedenfalls A. Kommen aber die 1000 Wahlzettel A. B hintereinander zuerst aus der Urne, so ist an 2. Stelle C gewählt, im umgekehrten Falle B.

Oder:

Wahlquotient 5. — 9 Wahlzettel A. B 2c., 7 Wahlzettel A. C 2c. Kommen zuerst die Wahlzettel A. B, so erhält, wenn A mit 5 Stimmen gewählt ist, B nur 4, C aber 7 Stimmen. Kommen zuerst die Wahlzettel A. C, so erhält, hinter A, C 2 und B 9 Stimmen.

VI.

System der Proportionalwahl mit freier Liste.

(Wahlversuch nach Hagenbach-Bischoff, vorgenommen in der Burgvogteihalle zu Basel am 17. November 1890.)

Wahl von 12 Abgeordneten.

A.

Eingegebene Listen mit Angabe der auf die einzelnen vorgeschlagenen Candidaten und auf die „Wilden" gefallenen Stimmen, Stimmenzahlen der Listen und Bezeichnung der Gewählten mit Fettschrift.

	I. Liste:		II. Liste:		III. Liste:		IV. Liste:		Ohne Liste („Wilde"):	
	A	684	G	591	P	471	V	1022	Bn	489
	B	469	H	570	Q	416	W	410	Cn	406
	C	337	J	498	R	527	X	196	Dn	217
	D	431	K	572	S	543	Y	214	Vereinzelte	572
	E	446	L	810	T	349	Z	228		
	F	245	M	478	U	527	An	236		
			N	475						
			O	568						
Stimmenzahl der Listen		2652		4562		2833		2306		

B.

Ausrechnung der Vertheilung.

I. Liste	2652	2	: 3 = 884	**2**	Divisor
II. Liste	4562	4	: 5 = $912\frac{2}{5}$ II	**5**	**912**
III. Liste	2833	2	: 3 = $944\frac{1}{3}$ I	**3**	
IV. Liste	2306	2	: 3 = $768\frac{2}{3}$	**2**	
Bn	489	10		**12**	
Cn	406				
Dn	217				
Vereinzelte . .	572				
Summe .	14037				
getheilt durch 12 + 1 oder 13	$1079\frac{10}{13}$				
Wahlzahl . .	1080.				

C.

Resultat der Vertheilung.

	Stimmenzahlen	Gewählt
I. Liste	2652	2
II. Liste	4562	5
III. Liste	2833	3
IV. Liste	2306	2

Divisor 912.

Anmerkungen.

[1]) Der auf das Wahlrecht bezügliche Punkt des auf dem Parteitage zu Erfurt im Jahre 1891 angenommenen socialdemokratischen Parteiprogrammes lautet: „Allgemeines gleiches directes Wahl- und Stimmrecht mit geheimer Stimmabgabe aller über 20 Jahre alten Reichsangehörigen ohne Unterschied des Geschlechts für alle Wahlen und Abstimmungen. Proportional-Wahlsystem, und bis zu dessen Einführung gesetzliche Neueintheilung der Wahlkreise nach jeder Volkszählung. Zweijährige Gesetzgebungsperioden. Vornahme der Wahlen und Abstimmungen an einem gesetzlichen Ruhetage. Entschädigung für die gewählten Vertreter. Aufhebung jeder Beschränkung politischer Rechte außer im Falle der Entmündigung."

[2]) Rittinghausen, socialdemokratische Abhandlungen, 3. Heft (Köln 1869). Max Kayser: Gegen die Proportionalvertretung, in der „Zukunft" 1877/78 S. 624.

[3]) Bluntschli: Allgemeines Staatsrecht (6. Aufl.) S. 68: „Die gerechte Forderung, daß die Wahlen zur Volksvertretung verhältnißmäßig seien und die Minderheiten auch zur Theilnahme berufen werden sollen u. s. w." Vgl. auch „Politik" S. 437 ff., besonders S. 445. 451. 456. — Am letzten Ende giebt Bluntschli allerdings einem Wahlsystem auf der Grundlage organischer Verbände und Classen den Vorzug, innerhalb deren er der Verhältnißvertretung ihren Platz anweist. Politik S. 448 ff. 451. — Vgl. noch Bluntschli, Artikel „Wahlrecht und Wählbarkeit" in seinem und Brater's Staatswörterbuch Bd. 10, S. 137 ff., sowie desselben Aufsatz in der Zeitschr. f. badische Verwaltung I (1869) S. 101 ff., 103 ff. — v. Mohl, Encyklopädie der Staatswissenschaften, 2 Aufl. (1872) S. 243: „Nichts erscheint daher begründeter als die Forderung, das Wahlsystem so einzurichten, daß auch Minderheiten im Verhältniß ihrer Kopfzahl in der Versammlung vertreten seien."

[4]) Vgl. die in Zürich erscheinende Zeitung: „Der Grütlianer" Nr. 112 v. 24. September 1891.

[5]) § 30 des kgl. sächs. G., die Wahlen für den Landtag betr., v. 3. Dec. 1868; dazu Fricker: Grundriß des Staatsrechts des Kgr. Sachsen (1891) S. 135 und allgemein Georg Meyer: Lehrbuch des deutschen Staatsrechts (3 Aufl.) S. 261 Note 7.

[6]) Dasselbe ist aufgestellt im Anschluß an: „Berechtigung und Ausführbarkeit der proportionalen Vertretung bei unseren politischen Wahlen. Ein freies Wort an das Schweizervolk und seine Räthe" von Hagenbach-Bischoff in Basel, H. Stuber in Zürich, Raoul Pictet in Genf (1885) S. 24.

[7]) Einfluß der herrschenden Ideen S. 187; vgl. Ahrens, Naturrecht 6. Aufl. II S. 381.

[8]) Jedenfalls für das zuerst erörterte System der eingeschränkten Stimmgebung würde, genau genommen, die Bezeichnung „Minoritätsvertretung" um deswillen den Vorzug verdienen, weil es nach seinem Grundgedanken die (eine) Minorität der Majorität gegenüberstellt. — In allgemeinerem Sinne spricht sich für die Bezeichnung „représentation de la minorité" aus Maurice Vernes in „La représentation proportionelle; études de législation et de statistique comparées, publiées sous les auspices de la société pour l'étude de la représentation propertionelle" (Paris, 1888) S. 39.

[9]) Vgl. Bluntschli, Politik S. 446.

[10]) Das Beispiel II, 1 ist aus Hack, über die Vertretung der Minoritäten und die Personal-Repräsentation (Tübinger Programm, 1872) S. 7 entnommen, das Beispiel II, 2 aus Vernes a. a. O. S. 40 Note 1.

[11]) Vgl. Hack a. a. O. S. 7 Note 3.

[12]) „Methode, bei jeder Art von Wahlen sowohl der Mehrheit als den Minderheiten die ihrer Stärke entsprechende Zahl von Vertretern zu sichern." Frankfurt a. M. 1863.

[13]) Mir lag die 4. Auflage, London 1873, vor. — Dem Werke vorausgegangen war bereits 1857 eine Brochure: The machinery of representation; vgl. Hare S. XXXVI Note 1.

[14]) Vgl. den Nekrolog in der zu Brüssel erscheinenden Monatsschrift „la représentation proportionelle" (1891) S. 168.

[15]) Vgl. namentlich: „Die Frage der Einführung einer Proportionalvertretung statt des absoluten Mehres. Bei Gelegenheit der Basler Verfassungsrevision der allseitigen Prüfung vorgelegt". (Basel 1888) S. 9. 28.

[16]) Ich glaube mich nicht zu täuschen, wenn ich annehme, daß die verschiedene Art, den Wahlquotienten W auf $\frac{S}{n}$ oder auf $\frac{S}{n+1}$ (wenn S die Gesammtsumme der abgegebenen Stimmen, n die Zahl der zu wählenden Abgeordneten bezeichnet) zu bestimmen, nicht blos auf einen verschiedenen mathematischen, sondern auch auf einen verschiedenen politischen Ausgangspunkt zurückführt. Der Hare'sche Wahlquotient $\left(\frac{S}{n}\right)$ giebt dem politischen Grundgedanken des reinen Proportionalsystems, nach welchem die Volksvertretung ein verkleinertes Abbild des Volkes sein soll (vgl. darüber oben S. 33), einen rechnerischen Ausdruck, indem dieses Ziel wirklich erreicht wird, wenn alle 100 Wähler einstimmig 1 Abgeordneten oder fünf politisch verschiedene Gruppen von je 20 Wählern 5×1 Abgeordneten, oder endlich die Gruppe A mit 60 Wählern 3, die Gruppe B mit 40 Wählern 2 Abgeordnete ernennt. Der Hare'sche Grundgedanke setzt also zu seiner vollen Verwirklichung voraus, daß alle Wähler ohne Rest sich in eine der verschiedenen politischen Gruppen vertheilen lassen, von denen jede wiederum ohne Rest durch den ermittelten Wahlquotienten theilbar ist. Dann allerdings kommt eine vollständige Portraitirung der Wählermassen zum Vorschein, ohne daß irgend ein Zug des Originals dabei verloren geht, d. h. irgend eine Minorität dabei nicht zu ihrem Rechte kommt. Es erhellt aber, daß diese Voraussetzung um so weniger erfüllt sein kann, je größer der Wahlquotient, d. h. je kleiner im Verhältniß zur Wählermasse die Zahl der Repräsentanten ist, oder, bildlich ausgedrückt, je kleiner der Maßstab des Bildes im Verhältniß zum Original genommen wird. Die Idee der Volksvertretung als eines Abbildes des Gesammtvolkes drängt zu möglichst starken Vertretungskörpern. — Die Formel $\frac{S}{n+1}$ dagegen operirt von vornherein mit dem Gedanken, daß bei der Wahl eine Minderheit, nämlich $S - (n \times W)$, welche kleiner ist als W, unvertreten bleibt, ihr Vorhandensein im Bilde nicht zum Ausdruck kommt. Sie verringert also, bei einer größeren Zahl zu wählender Abgeordneten, die Bedeutung des dem Majoritätssystem zu Grunde liegenden Princips, daß die Wahl eine Willensentscheidung sein soll, aber sie eliminirt es nicht grundsätzlich, wie denn in der That nach Hagenbach a. a. O. S. 10 „das absolute Mehr nichts Anderes ist, als die Wahlzahl für den Fall, daß nur ein Vertreter zu wählen ist. Das Unrichtige des Systems mit dem absoluten Mehr" — fährt er fort — „liegt also nicht

im absoluten Mehr als solchem, sondern darin, daß die für einen Vertreter richtig berechnete Wahlzahl ganz gedankenlos auch auf die Fälle mehrerer Vertreter angewandt wird; man übersieht, daß der Divisor mit der Zahl der zu wählenden Vertreter steigen muß." Der Irrthum Hagenbach's ist klar: nicht um eine gedankenlose Anwendung der für einen Vertreter ermittelten Wahlzahl, also um einen mathematischen Fehler, sondern um eine unveränderte Festhaltung des für diesen Fall maßgebenden politischen Princips der unmittelbaren Willensentscheidung durch die einfache Majorität der Wähler handelt es sich, über die man politisch freilich verschiedener Ansicht sein kann.

[17]) Hack (Note 10) S. 12, Hagenbach (Note 15) S. 11 ff.

[18]) Der eingehenden Darstellung und Würdigung des Hare'schen Systems ist vor Allem die Hack'sche Schrift (Note 10) gewidmet. Dort findet sich auch S. 29 ff. eine deutsche Uebersetzung des von Hare vorgeschlagenen Wahlgesetzes nach der 3. Aufl. des Originals. — Wie Hare, der principiell das ganze Land als einen einheitlichen Wahlkörper eingerichtet wissen will, bei der Ausführung seines Planes doch dazu gedrängt wird, eine Vertheilung der Abgeordneten auf örtliche Wahlkreise als Regel zuzugestehen und nur eine Verbindung der Minderheiten verschiedener Wahlkreise zu ermöglichen, vgl. Bluntschli Politik S. 445, Hack S. 11. Ueber offene und geheime Stimmgebung mit Bezug auf Hare vgl. Hack S. 13 Note 15, S. 15 Note 25.

[19]) Diese Bezeichnung schließt sich an Hare selbst an (vgl. S. 121 ff.), der die Elemente seines Systems einerseits in dem Stimmen für einen einzigen Candidaten (voting for the single candidate; no single vote for more than one representative), andererseits in der eventuellen Uebertragung der Wahlstimmen auf einen anderen Candidaten (transferring of votes; voting contingently for one of several candidates) erblickt. — Wenn Hare (vgl. z. B. S. XXVI) sein System als „personal representation" der „representation of interests" gegenüberstellt, so hat das eine andere Beziehung, welche auf die von Hare erstrebte Beseitigung der Local- und Parteiwahlen zurückgeht.

[20]) Zur Beseitigung des daraus abzuleitenden Einwandes wird, wie es scheint mit wenig Glück, angeführt, daß der einzelne Candidat kein Recht auf die Wahl habe, die Wähler aber, deren erster Candidat gewählt sei, voll zu ihrem Rechte gelangt seien: „The complaint of injustice is no doubt made rather in the interest of the candidate than in that of the electors. — It does not promise that any vote, taken singly, shall aid in the return of more than one candidate."

Hare S. 304. Vgl. auch Naville: La question électorale en Europe et en Amérique 2. Aufl. (Genf 1871) S. 231.

[21]) Vgl. Stoerk: Das französische Listenwahlgesetz im „Archiv für öffentl. Recht" I S. 199—204.

[22]) Ueber die verschiedenen Bezeichnungen vgl. Vernes a. a. O. S. 53.

[23]) Vergl. bei Bluntschli Politik S. 440 die Darstellung des Gedankens von Considérant, de la sincérité du gouvernement représentatif (Genf 1846, neu gedruckt Zürich 1892).

[24]) Ueber diese verschiedenen Formen Näheres bei Vernes a. a. O. S. 60.

[25]) Als Erfinder des Freilistensystems wird Antoine Morin genannt, welcher es 1862 im Verfassungsrathe von Genf vorschlug. Die gegenwärtig herrschende proportionale Vertheilung der Stimmen bei demselben geht auf den Belgier Victor D'Hondt zurück. Vgl. Hagenbach S. 15.

[26]) Vgl. dazu Vernes S. 61 ff.

[27]) Bedeutsam die in der Basler Großrathscommission von der proportionalistischen Minderheit abgegebene Erklärung, „daß ein weiteres empfehlenswerthes Wahlsystem auf Grundlage der Proportionalität zur Zeit nicht bestehe." Vgl. den (Basel 1890 bei Bürgin erschienenen) sehr instructiven Commissionsbericht S. 22. In demselben sind besondere Berichte der Mehrheit und der Minderheit der Commission gegeben und dem letzteren ein ausführlicher Gesetzentwurf beigefügt.

[28]) Ueber die internationale Conferenz von Antwerpen vgl. „Représentation proportionelle, revue mensuelle" IV S. 1, 209—400.

[29]) Vgl. namentlich die Note 6 und 15 angeführten Schriften, sowie den Note 27 hervorgehobenen Bericht der Minderheit, welcher Hagenbach angehörte. Ich werde in den folgenden Noten besonders auf den vorgelegten Gesetzentwurf verweisen.

[30]) § 9 Entw. Einer der Unterzeichneten muß als Vertreter derselben bei den weiteren Verhandlungen mit der Behörde ermächtigt werden.

[31]) § 10 Entw. Mittheilung an die Candidaten. Nichterklärung binnen bestimmter Frist gilt als Annahme der Candidatur. Bei Nichtannahme Streichung auf der Liste. Für die Gestrichenen dürfen andere Candidaturen eingegeben werden. Die definitiven Wahlvorschläge, „Listen", werden von der Behörde für jeden Wahlkreis zusammengestellt und nach der Zeit der Eingabe numerirt.

[32]) Die gemeinsamen Candidaten machen Schwierigkeiten, indem die Befürchtung vorliegt, daß eine „Partei durch nur zum Schein auf die Liste genommene gemeinsame Candidaten sich in ungebührlicher Weise einen Vortheil aneignet." Zur Vermeidung dessen sollen bei der Ermittelung des Wahlresultates die Stimmen, auf Grund deren ein gemeinsamer Candidat gewählt ist, gestrichen werden und darüber hinaus für die betreffenden Listen nicht in Betracht kommen. Vgl. die auf gemeinsame Candidaturen bezüglichen, etwas complicirten und von Willkür nicht freien Bestimmungen in § 10 Abs. 3, §. 19 Abs. 2, § 21 Entw. — Es kann hiernach kein Wunder nehmen, daß die Basler Vertreter des Freilistensystems in erster Reihe die Unzulässigkeit gemeinsamer Candidaturen überhaupt in's Auge fassen, was sie damit rechtfertigen, daß bei dem neuen Systeme, wo jede Partei sich selbst zu helfen im Stande, Wahlverbindungen verschiedener Parteien, aus denen jetzt die gemeinsamen Candidaten zumeist hervorgingen, von selbst wegfallen würden. — Vgl. zu diesem Gegenstande auch Vernes S. 64.

[33]) § 16 Entw.

[34]) § 19 Abs. 3 Entw. — Es ergiebt sich daraus der bemerkenswerthe Unterschied, daß jeder „Wilde", um gewählt zu sein, den ganzen Quotienten auf sich vereinigen muß, während der Parteimann von den für andere Candidaten seiner Partei abgegebenen Stimmen profitiren kann.

[35]) § 20 Entw. — Vernes S. 62 f. weist auf die Möglichkeit hin, daß eine Partei, für den Preis der Aufgabe eigenen Vortheils, eine größere Partei „decapitiren" kann, indem sie ihre Stimmen den minderwerthigen Candidaten der gegnerischen Liste zuwendet.

[36]) Dann können allerdings noch weitere Wahlgänge nöthig werden. Um dies zu vermeiden, ist der Vorschlag gemacht worden, für den minder bedeutenden zweiten Wahlgang das Princip der Proportionalwahl zu verlassen und ohne Rücksicht auf die Listen unter den Candidaten persönlich relative Majorität entscheiden zu lassen. Diesen Vorschlag bringt ein eventuell abgeänderter Gesetzentwurf des Basler Minderheitsberichtes (S. 11 des Entw.) zum Ausdruck.

[37]) D'Hondt (vgl. oben Note 25): Système pratique et raisonné de représentation proportionelle (Brüssel 1882) S. 5. 17. 22. 55: „Cette répartition (des sièges entre les diverses listes et entre les candidatures isolées) s'obtiendra en divisant les divers chiffres par le diviseur, qui donnera des quotients dont la somme sera égale au nombre des sièges." Basler Minderheits-Entw. § 20 Abs. 2. —

Eingehendere Behandlung vom Standpunkte der theoretischen und praktischen Mathematik bei Hagenbach: Frage der Einführung u. s. w. S. 14. 35 ff.

[37a]) — wobei nur die Untheilbarkeit des Abgeordnetensitzes als modificirendes Moment in Betracht kommt.

[38]) Es ist zunächst theoretisch klar, daß, wenn man die größten Brüche als Ganze nimmt, man im Resultate darauf verzichtet, auf alle Listen denselben Divisor anzuwenden, also insoweit dem Principe der Proportionalität untreu wird. Praktisch kann sich daraus, wenn die starken Parteien bei der Division kleine Brüche lassen, eine unverhältnißmäßige Begünstigung der Minderheit ergeben, welche bei den kleinsten Minderheiten, die den Wahlquotienten vielleicht nicht ein einziges Mal aufgebracht haben, am meisten fühlbar wird. Das Aeußerste nach dieser Richtung würde durch die Anwendung des Pernolet'schen quotient d'élimination vermieden, welcher jede Liste von der Concurrenz ausschließt, deren Gesammtstimmenzahl diejenige Ziffer nicht erreicht, die man erhält, wenn man für das ganze Land die Zahl der Wahlberechtigten durch die Zahl der Abgeordneten dividirt. Näheres bei D'Hondt (welcher früher selbst dem System der größten Reste anhing) a. a. O. S. 14. 15, Bernes S. 57. 65 ff. (— bei Beiden auch rechnerische Beispiele —), sowie die Bemerkung in „Berechtigung und Ausführbarkeit" (oben Note 6) S. 19 a. E.

[39]) Nicht eingegangen ist im Text auf die Frage nach der Regelung der Ergänzungswahlen bei Tod oder Amtsniederlegung eines einzelnen Deputirten. Diese Frage bildet augenscheinlich für alle Systeme der Minoritäten- und Proportionalvertretung einen schwachen Punkt, da durch solche Einerwahlen, bei denen nur das System der reinen Majorität anwendbar bleibt, das proportionale Wahlresultat leicht wieder gestört werden kann. Wenn dagegen für das System der freien Liste vorgeschlagen wird, denjenigen als Ersatzmann zu berufen, welcher bei der Hauptwahl in derselben Liste die nächstgrößte Stimmenzahl erhalten hat (vgl. „Berechtigung und Ausführbarkeit" S. 18), so sprechen, wie namentlich Hilty in seinem 1882 dem schweizer Bundesrath erstatteten Gutachten („Ueber die Anwendbarkeit der sog. Minoritätenvertretung bei den eidgenössischen Wahlen", Bern 1883 S. 45 f.) hervorgehoben hat, gegen dieses Zurückgreifen auf einen inzwischen vielleicht sehr veränderten Wahlkörper schwere Bedenken.

[40]) Ueber die Verhältnisse in Dänemark giebt neuestens Auskunft die Bearbeitung des dänischen Staatsrechts von Goos und Hansen in Marquardsen's Handbuch des öffentlichen Rechts, besonders

S. 60. 61. Aus dem dortigen Beispiel S. 61 Note 1 geht, wenn ich nicht sehr irre, zugleich hervor, daß thatsächlich nach dem dänischen Verfahren nicht der Hare'sche Wahlquotient $\frac{S}{n}$, sondern der Wahlquotient $\frac{S}{n+1}$ (vgl. oben Note 16) zur Anwendung gelangt. Dazu über die eventuelle Entscheidung nach relativer Majorität, wobei die Hälfte des Quotienten als Minimalziffer zu Grunde gelegt wird, S. 61. Bemerkenswerth sind die rechnerischen Beispiele auf S. 61 Note 1 auch dadurch, daß sie zeigen, wie die Parteien durch verschiedene, wohl berechnete Gruppirung ihrer Anhänger auf das Wahlresultat einzuwirken vermögen. Demnach lautet das Urtheil der Verfasser dahin: „Wie man sieht, erfordert diese Wahlmethode eine sorgfältige Vorbereitung, zuverlässige Organisation und strenge Disciplin unter den Wählern. Wenn auch nur einige wenige derselben von den seitens der Partei oder der Gruppen getroffenen Verabredungen mit Bezug auf die Reihenfolge, in welcher die Namen der zu Wählenden niedergeschrieben werden sollen, abweichen, so kann dies verhängnißvolle Folgen nach sich ziehen." Aehnlich die an Hilty ertheilte officielle Auskunft; vgl. dessen Gutachten S. 37 Note 1. — Ueber die weitere, im Text angedeutete Entwicklung der Frage in Dänemark: Bajer, esquisse historique et critique sur la représentation proportionelle en Danemark in der Brüsseler Monatsschrift (vgl. Note 14) Jahrg. 1885 S. 178 ff. und danach „Études" (vgl. Note 8) S. 354 ff. — Ueber die Wahlen innerhalb der Kammer vgl. das frühere System bei Goos-Hansen S. 68, das neueste in der Brüsseler Monatsschrift 1890 S. 101.

[41]) Für England vgl. zunächst Gneist: Die Entwicklung der englischen Parlamentsverfassung in v. Holtzendorff's Encyklopädie der Rechtswissenschaft (1890) S. 1471 Note 1, welcher von „verunglückten Versuchen" spricht. In Bezug auf die Schulräthe Gneist: Englisches Verwaltungsrecht II (1884) S. 905. Ferner Hilty a. a. O. S. 53. Ueber die weiteren parlamentarischen Versuche und Debatten den eingehenden Bericht von Arnauné und Lebon in „Études" S. 83 ff. und Note additionelle S. 143 ff. Ueber die „society" Brüsseler Monatsschrift 1885 S. 74. — John Stuart Mill's Considerations on representative government sind nach der 2. Aufl. von F. A. Wille (Präsidenten des schweizer Wahlreformvereins) übersetzt (Zürich 1862). Die betreffenden Ausführungen im 7. Capitel: „Die wahre und die falsche Demokratie. Vertretung Aller oder der Mehrheit allein."

[42]) Ueber Spanien: Torres Campos in Marquardsen's Handbuch S. 30 ff. 52. 58. Dazu, sowie für Portugal, die betreffenden Abschnitte in den „Études", bearbeitet von Daguin und Laneyrie S. 455 ff. 433 ff.

[43]) Italien: Brusa in Marquardsen's Handbuch S. 129. 518. Sarrante in den „Études" S. 444 ff. Litteraturangaben dort S. 446 Note 2, dazu Alberto Morelli: Saggi sui sistemi di scrutinio I (Verona, Padova 1887). Brüsseler Monatsschrift, Jahrg. 1888 S. 161. 257 ff. (Limitirtes Votum bei den Communalwahlen). Jahrg. 1889 S. 128.

[44]) Aus der schweizerischen Litteratur hebe ich hervor zunächst die schon genannten Schriften von Hagenbach-Bischoff (vgl. Note 6. 15. 29), sowie verschiedene Aufsätze desselben in der Brüsseler Monatsschrift. Gegen die neuen Systeme das Note 39 erwähnte Gutachten von Hilty, welchem in derselben Druckschrift ein solches von Wille (vgl. Note 41) zu Gunsten der eingeschränkten Stimmgebung vorausgeht. Ueber Naville's question électorale vgl. Note 20. (Das Buch nach der 1. Aufl. von Ulrich Wille, Zürich 1868 übersetzt.) Sehr verdienstlich sind die von Naville in der Brüsseler Monatsschrift fortlaufend gegebene Berichte über die Fortschritte der Proportionalistenbewegung. Ramsperger: Zur Wahlreform (Zürich 1881). — Zur allgemeinen Orientirung Roguin in den „Études" S. 369 ff. — Die neuen Tessiner Gesetze: Legge per la nomina delle Municipalità col sistema del voto proporzionale v. 22. Mai 1891 und Legge per le elezioni al Gran Consiglio ed alla Constituente col sistema del voto proporzionale v. 24. Nov. 1891 im Foglio Officiale del Cantone Ticino Nr. 22 und 48; die hauptsächlichsten Bestimmungen des mit dem 1. März 1892 in Kraft tretenden Neuenburger Gesetzes „sur les élections et sur les votations" v. 28. Oct. 1891 in der Brüsseler Monatsschrift 1891 S. 274 ff. Im Uebrigen genüge, auf den in der Brüsseler Monatsschrift Jahrg. 1891 S. 280 ff. abgedruckten, der association réformiste de Genève von Naville erstatteten Rapport zu verweisen. Ueber die in Zürich gestellte Motion K. Bürkli, welche in eigenthümlicher Weise das bisherige Wahlverfahren mit der Proportionalvertretung in Verbindung zu bringen suchte, indem im ersten Wahlgange das absolute Mehr, und die Proportionalität nach Hare'schem System nur für die dadurch nicht besetzten Sitze zur Anwendung kommen sollte, orientiren am Besten die im „Grütlianer" (vgl. Note 4) Jahrg. 1891 Nr. 112 ff. abgedruckten Reden und Ausführungen des Urhebers, zugleich interessant wegen der darin versuchten Kritik des Freilistensystems.

[45]) Nur eine kurze Notiz über Illinois bei v. Holst, das Staatsrecht der vereinigten Staaten von Amerika, in Marquardsen's Handbuch S. 145. Sehr eingehende Bearbeitung von M. Bruwaert in den „Études" S. 153—256; dort auch das Nähere über die Minoritätenvertretung in den Verwaltungscollegien der Einzelstaaten. Vgl. besonders die tabellarische Uebersicht S. 153. 154. — Ueber Brasilien Baron d'Ourém in demselben Sammelwerke S. 257 ff.

[46]) Ueber belgische Verhältnisse orientirt natürlich am genauesten die wiederholt erwähnte „Représentation proportionelle. Revue mensuelle", seit 1882 erscheinend, auch sonst ein unentbehrliches Hülfsmittel für das Studium der ganzen Frage. Außer der schon Note 37 citirten Schrift von D'Hondt, desselben Verfassers Exposé du système pratique de représentation proportionelle adopté par le comité de l'association réformiste belge (Gent 1885). Ueber das gegenwärtige belgische Wahlverfahren, namentlich auch über die Abstimmung durch Schwärzen der weißen Punkte Vauthier in Marquardsen's Handbuch S. 42. Den neuen Gesetzentwurf und seine Behandlung s. in der Brüsseler Monatsschrift 1886 S. 245 ff. (chambre des Représentants, séance du 17. Janvier 1888), ferner Jahrg. 1887 S. 1 ff., Jahrg. 1888 S. 1 ff., Jahrg. 1891 S. 150 ff. Die Verhandlungen der Kammer über die Einführung des Cumulativvotums bei den conseils de prud'hommes Jahrg. 1889 S. 1 ff.

[47]) Ueber Frankreich Vernes in den „Études" S. 480 ff., namentlich auch über die verschiedenen parlamentarischen Versuche, dem Gemeindegesetz von 1874 und den verschiedenen, in neuerer Zeit verhandelten Wahlgesetzen Bestimmungen über Minoritäten- oder Proportionalvertretung einzuverleiben. Dazu Störk (vgl. Note 21) S. 199 Note 1. 2.

[48]) Von österreichischer Litteratur weiß ich anzuführen Sladkovsky: Auslegung der Vertreterwahlen nach Recht und Gerechtigkeit, aus dem Böhmischen von Vávra. (Prag 1875.) Ferner: Das Recht der Minorität von Gf. L. W. (Wien 1884.) — Nach der belgischen Monatsschrift Jahrg. 1887 S. 17 hat Dr. Karl Beckesy von Klausenburg der ungarischen Akademie der Wissenschaften einen bezüglichen Aufsatz vorgelegt.

[49]) v. Kirchenheim, Lehrbuch des deutschen Staatsrechts S. 271 Note 2, sowie desselben Art. „Wahlen" in v. Stengel's Wörterbuch des deutschen Verwaltungsrechts II S. 853. v. Melle, hamburgisches Staatsrecht S. 188 Note 1.

[50]) Burnitz-Varrentrapp vgl. oben Note 12. Die Frankfurter Verhandlungen sind abgedruckt bei Hare a. a. O. S. 331 ff.

51) Vgl. Hack a. a. O. S. 6 Note 1.

52) So namentlich in der II. Kammer bei Gelegenheit der Wahlreformdebatten im Jahre 1869 (Verhandlungen 1869/70, vgl. die den Protokollen der II. Kammer beigegebenen stenogr. Berichte), wobei die Abgg. Kiefer und v. Feder in günstigem Sinne die Minoritätenvertretung als eine Zukunftsfrage behandelten. Energisch sprach sich in Baden bei verschiedenen Anlässen Regierungsrath Dr. Ritzhaupt aus; vgl. dessen Aufsatz: „Zur Frage der Wahlreform" in der Ztschr. f. bad. Verwaltung I (1869) S. 157 ff.

53) Vgl. auch Held: Staat und Gesellschaft III (Leipzig 1865) S. 861 ff., sowie Engel in der Ztschr. des preuß. stat. Bureaus 1865 S. 85 ff. Einige weitere Citate bei Hack S. 21.

54) Die betreffende Aeußerung Bismarck's (vgl. auch Wertheim: Mehrheits- oder Verhältnißvertretung? Nürnberg 1887 S. 32) sollte ungefähr dahin gelautet haben: „Wenn die verschiedenen Parteien berufen würden, an demselben Tage durch ganz Deutschland ihre Stimmen zu sammeln, so müßte jede für 25 000 Stimmen einen Vertreter haben. Denn es ist ein Unsinn, daß, wenn die Parteien beinahe gleich stehen, die eine Hälfte gar nicht zur Geltung kommt." Auf seine an Bismarck gerichtete Anfrage, ob diese Aeußerung wirklich so gefallen sei, erhielt Naville von dem deutschen Konsul in Genf folgendes Schreiben: „Je suis chargé de vous informer que le prince ne se rappelle pas exactement à quelle occasion il aurait dit les paroles en question, mais que néanmoins elles experiment parfaitement son opinion et qu'il croit s'être exprimé dans ce sens plus d'une fois."

55) Vgl. Note 1. Ueber Rittinghausen und Kayser oben Note 2. Eine Reihe weiterer Artikel in dem dort erwähnten Jahrgang 1887/8 der socialdemokratischen Zukunft (u. a. Bebel S. 507).

56) So ein Artikel der socialdemokratischen Zeitung „Vorwärts" Jahrg. 1891 Nr. 114 Beilage.

56a) Vgl. das Nähere mit Abweichungen im Einzelnen bei Pappenheim in der Tübinger Ztschr. für die gesammte Staatswissenschaft (1886) Bd. 42 S. 288 ff. und bei Wertheim a. a. O. (vgl. oben Note 54). Dazu auch Marxen, das deutsche Wahlsystem vom Standpunkte der Verfassung (Leipzig 1882), sowie die Note 55 erwähnten Aufsätze. — Eine Verhältnißvertretung auf der Grundlage berufsmäßiger Scheidung der Wählerschaft befürwortet v. Hirschfeld: Die proportionale Berufsklassenwahl (Leipzig 1885).

57) Die betreffenden Worte Mirabeau's (Discours I, 31) sind z. B. den „Études" als Motto vorangestellt. Sie lauten: „Les

Assamblées sont pour la nation ce qu'est une carte réduite pour son étendue physique; soit en partie, soit en grand, la copie doit toujours avoir les mêmes proportions que l'original."

[58]) Vgl. z. B. Art 29 Reichsverfassung, Art 83 der preußischen, § 81. 82 der sächsischen, § 48. 69 der badischen Verfassung.

[59]) Vgl. hierzu namentlich Hilty a. a. O. S. 17. 22 ff., Hack S. 23 ff.

[60]) Das ist der Ausgangspunkt namentlich derjenigen Schriften, welche von Hagenbach-Bischoff verfaßt, oder doch wesentlich beeinflußt sind.

[61]) Ueber das Verhältniß des Referendums zum Proportionalwahlsystem bestehen namentlich in der schweizer Litteratur verschiedene Ansichten. Die Einen (vgl. Hilty S. 29. 63) sind der Ansicht, daß das Referendum die Proportionalität des Vertretungskörpers überflüssig mache, die anderen (vgl. Naville: A propos du referendum, in der Brüsseler Monatsschrift 1887 S. 52) meinen, daß gerade das Referendum, zur möglichsten Vermeidung von Desavouirungen der Volksvertretung durch das Volk und den damit verbundenen Uebelständen, zur Proportionalwahl dränge. Auch ich glaube, daß diese Anschauung die richtigere ist, und möchte darauf hinweisen, daß auch im Inneren unserer Parlamente bei der Zusammensetzung der ohne Entscheidungsgewalt zur Vorberathung der Gesetzentwürfe bestellten Commissionen eine gewisse verhältnißmäßige Vertretung der Parteien, wenn auch ohne förmliches Proportionalwahlsystem, erstrebt wird.

[61a]) Z. B. Hilty a. a. O. S. 26.

[62]) A. a. O. S. 19. 20.

[63]) Nach bestimmter Richtung gewährt im Deutschen Reiche, wie hervorgehoben werden mag, ein starkes Gegengewicht gegen die Unterdrückung gewisser Minoritäten auch die Organisation des Bundesraths, wenn man bedenkt, daß von den 58 Stimmen desselben die ersten 17 dem Staate Preußen, die letzten 17 aber zusammen den kleinsten Staaten zukommen, deren Gesammtbevölkerung etwa 1/19 der Bevölkerung Preußens ausmacht. Vgl. Kirchenheim, Lehrbuch S. 298.

Pierer'sche Hofbuchdruckerei. Stephan Geibel & Co. in Altenburg.